立人天地

活色生香的民俗

民俗

陈长春 著

民俗演变告诉你，我们为什么这样生活着

黑龙江教育出版社

前 言|PREFACE

　　时光倒流到1000年前，一群宋朝人正蹲在地上，聚精会神地摆弄着猪羊的膀胱。他们在这些奇形怪状的尿脬中，放了些肉脂碎末，然后，小心地置于蚁穴旁。一时，成群结队的蚂蚁都跑了过来，钻进了尿脬，密密麻麻，层层叠叠。这群宋朝人很满意，开心地把尿脬拿走了，妥善放好，然后，去大街上卖蚂蚁。为什么要贩卖蚂蚁呢？谁会购买蚂蚁呢？原来，时人栽种了许多柑橘，但柑橘甜蜜，易受虫害，有人偶然间发现，蚂蚁可以消除这种虫害，于是便做起了蚂蚁买卖，催生了一种新职业。而用蚂蚁除虫害的这个方法，在当时的世界上，是最先进的方法之一。

　　这个小小的故事，这个妙趣横生的社会小景，作为民俗史上的一朵小花苞，亲切，可爱，撩人心弦。

　　民俗并不是现在才有的。它逶迤了几万年，沧桑了几万年，从人类告别低级动物时，就出现了。

　　如果民俗可以烧化的话，那么，它将得出3颗舍利：人、事、思维。

　　这三者，构成了民俗之核；进而，又构成了社会生活。

　　民俗现象繁密、细小，无所不在。它弥漫在社会生活的犄角旮旯，见缝插针，密不透风。它用各种婚俗葬俗、生产生活、岁时节日、信仰娱乐等，把人类历史夯得结结实实，严丝合缝。

　　民俗，犹如一座殿堂，里面有许多房子，房子里有许多人，许多人忙碌许多事，许多事牵涉许多事务，许多事务衍生许多关系。这些关系，有串联的，有并联的，若链若网，错综复杂，深邃丰富。若想探访，可直接，亦可间接。

　　然而，有一个现象不得不提，探访民俗的人，大多只走到了门口，便以为已经深入了内庭。实际上，很多人都对民俗知识不太了解，或对民俗现象了解得不大正确，认为民俗是土气的、不入流的，是大红大绿、俗不可耐的。

　　这是极为肤浅的看法，是不应该出现的看法，说明我们对造就了自己的文化缺乏认识，很陌生，很疏远。这不仅是我们的过失，也是历史的遗憾。

　　民俗来自社会，若无社会这层土壤，民俗难以生长。所以，从萌芽时，从最初的源头上，民俗就注定了是一种广阔的孕育，一种深厚的积淀。

民俗史与人类史互相交叉，与考古史互相渗透，与宗教史互相感染，与语言史互相弥补……总之，无论从哪一个角度进入民俗史，都是庄严的、严谨的，也是活泼的、活色生香的。

人是理性加感性的动物，人的许多行为都找不到明确的原因，或者都只是感情直接作用的结果。这也决定了一些民俗现象是复杂的、细腻的、不可复制的，因而也是不可多得的、宝贵的。

了解民俗，就是了解真实的生活，就会明白生活为什么会是现在这个样子；而阅读此书，就是步入生活腹心的快捷方式。

陈长春

目 录|CONTENTS

第三章——旷放的魏晋南北朝民俗

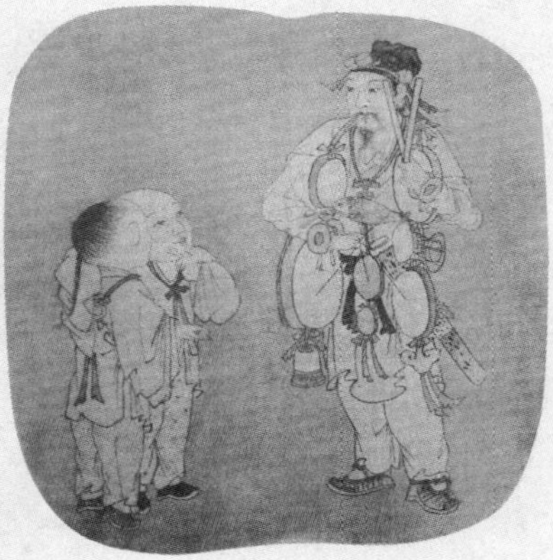

第一章

活泼的夏商周民俗

　　但凡有人，就有"俗"。"俗"字的出现，是在西周时。周朝人对俗有一定的认识，意识到把某些事重复多遍，就会成俗。"民"字，也出现在西周时。"民俗"二字，却出现在战国。民俗很活泼，有俗亦有雅，吃饭是件俗事儿，但当它上升到礼仪层面时，就成了雅事儿。

◎谁在食人

在北京周口店遗址，出土了一些人的遗骨。多数都是头骨，其他部位的骨头很少见。考古学家推测，猿人死后，尸体是破碎的，这是食人风俗造成的。

在大约70万年前，生存在周口店的猿人，物资缺乏，食物不足。当有同伴死后，他们便会把同伴的四肢砍断，然后食用。他们之所以保留了头骨，是因为头骨很像水瓢，可以用来盛水。

食人毕竟不是天天发生，而他们需要日日吃东西。因此，他们还猎食大量动物，如鹿、羚羊等。有一群猿人，至少吃掉了300多匹野马。野马的遗骨，没有一具是完整的。就连完整的头骨都很少，因为人类把野马的头骨砸碎

▶史前人类存放头骨的架子（复原品）

了，可以吸食它们的脑髓。

食人的风俗，在新石器时代，还保留着。

河姆渡人会吃掉自己的小孩，然后，将小孩的骨骼放在陶罐里，埋到地下，像是完成一项仪式。

河姆渡时期，生产力相对发达，食物并不缺少。河姆渡人之所以吃小孩，是出于一种宗教信仰。

同样处于新石器时代的广西桂林古人，爱吸食人的脑髓，也是一种宗教观念的体现。

吸食脑髓，需要加热。早在猿人时代，就发现了火，也会用烤热的石头将食物炙熟。后来，古人还学会了将烤热的石头丢入水中，给水加热。后来，有人发明了"庶"，也就是煮的方法。广西桂林的古人在吸食脑髓前，事先都要把头骨煮熟。

在头骨顶部靠左侧的地方，有一个直径约1厘米的圆孔，他们就从这个小孔吸食脑髓。

远古的食人风俗，到了周朝时，已经罕见了。不过，那个加热的方法——庶，却流传下来。

周朝专设了一个官职，叫蛊。"蛊"的古代读音，与现在不同，它读"煮"，又称"药煮"，可熏药除毒，可驱虫，所以，蛊这种官员，也称"煮氏"；由于"庶"也与"煮"读音相同，所以，也叫"庶氏"。

这是神秘的食人风俗的一个产物。

扩展阅读

旧石器时代的山顶洞人，幼年缠头，让颅骨变成环形，或楔形。让颅骨变形的方式是：用皮袋子或植物草绳紧缠头部，有的夹两块硬板。这是一种特殊的装饰习俗。

◎姓氏里的奥秘

有熊国的国君，被称为少典。有蟜国把两个女子嫁给了他，做了妃子。

长妃到华亭游玩时，来了一条神龙，相伴左右。长妃就此有孕，生下一子——榆冈。

榆冈很神奇，生下来3天就能说话，5天就能在地上到处跑，7天就长全了牙齿。他到5岁时，就懂得了很多关于庄稼的知识。

榆冈长得难看，非常丑陋，身体是人，头却是牛，脾气还暴躁。少典不喜欢他，觉得怪异，便将他们母子迁居到姜水旁。

榆冈长大后，就以"姜"为姓。他就是华夏民族的始祖——炎帝。

他的母亲，也就是那位长妃，名叫女登，也叫任姒。

长妃的名字中，都有一个"女"字。这是母系氏族的产物。

原始时代蒙昧无知，人类没有姓氏。最早的姓氏，是在这一时期的中期出现的。那时候，有了一些有名的人物，他们成为古人的崇拜对象，古人便用某种符号称呼他们，代表他们，姓氏也就应运而生了。

"姓"，最开始是族的标志，指女子生下的孩子，也代表血缘关系。

古老的姓，很多都用"女"字为偏旁。这是母系制度的产物。孩子生下后，不知父亲，只知母亲，所以，"女"加"生"，成了姓。

"氏"，是象形字，甲骨文中就有，本意是"木本"——木之根本，也就是植物的根。

春秋时，鲁国有个很有名的人，叫叔孙豹。别人问他，什么是死而不朽？他说："立德、立功、立言，就叫不朽。"这个名人很风流，他曾在一个叫庚宗的地方，与一个女子同居，之后离开。后来，这个女子来见他，述说往事。他便"问其姓"。这里的"姓"，不是问叫什么名字，而是问她生的孩子。

古代，姓属"奢侈"品，不是每个人都有姓，只有有身份的人才能有姓。

姓里面，还隐藏着婚姻制度：同姓的人，不能结婚。

周朝时，有了名。有人用被杀或被俘的敌军将领之名，当成自己孩子的名，以纪念战功。

这样一来，名很多，很重复，太复杂。一个人经常有很多名。

伴随着名，字也出现了。称呼别人的字，比叫其名更庄重。字，表现了敬重之意。一个年轻人若是有了字，就说明他成年了，被社会接受了。

汉期后，姓名大致确定了今天的格局。

古代，医疗科技落后，常有小孩死亡。古人觉得，死亡是因为灵魂被鬼神带走了。所以，汉朝有了取贱名的风俗。他们想，给小孩取低贱点儿的名字，鬼神就不会注意到小孩，而去注意那些名字响亮的小孩。他们注意到，狗、猪等牲畜比人的生存时间长，便用猪狗给小孩取名。

著名文学家司马相如的小名，就是贱名——"犬子"。

唐朝人喜欢取乳名，常用"小"字开头，是怜爱子女的一种表现。

在给婴儿取名时，唐朝人还爱在后面加个"儿"。上官婉儿的乳名，就是婉儿，听起来显得亲昵。

唐朝的男孩，叫"郎"，女孩叫"娘"。唐玄宗的小女儿泰安公主，就叫虫娘。

隋唐时的名字，灵活、繁盛、五花八门。

有个青楼女子，叫阿软；她生了个女儿，长得很白皙，诗人李白就为女婴取名皎皎。

文学家贺知章有了儿子后，请唐玄宗赐名。唐玄宗想也没想，就赐了一个"孚"字。这个字的上面，是个"爪"，下面是个"子"，也就是说，唐玄宗把贺知章的儿子叫做爪子。

还有小小、莺莺等复名。双声叠韵，叫起来声声入耳，很亲切。

有人还用改名来表明志向。武则天称帝后，改国号为"周"，改名为曌。意思是，日月当空，普照天下。曌，是她自创的一个字。

唐朝风气开放，男女地位较平等。女子取名，也都有名有字。如清河公主，她名为敬，字为德贤。

扩展阅读

春秋战国时，官方若卖手工业产品，销售人员在收钱时，必须把钱投进陶制"钱柜"——缶中，还要使买者看见。如果违反规定，就要受罚。这是为了防止贪污。

◎ "豆"，不是指豆子

大禹来到中原后，经常面临烦心的洪灾，他分外焦虑。

有一天，他观察到，上游的共工用石器开凿了很多河道，使洪水能够顺着河道泄洪，因此，共国很少受到洪水的侵袭。

大禹很生气，觉得共工凿开河道的行为，违背了自然规律。于是，他想攻打共工。

共工万万没想到，自己苦心想出的泄洪良策，居然被诬蔑成违背天道。他在盛怒之下，发誓与大禹决一死战。为此，他来到不周山宣誓。

不过，共工很倒霉，他刚到不周山，那里就发生了山石崩塌、流泻，导致东南方向的环境受到严重破坏。

大禹更加震怒，他抨击共工影响了天地万物的秩序。

大禹带领氏族成员讨伐共工，共工迎战。

由于大禹部落人多势众，兵精粮足，共工在抵抗一段时间后，力不能支，最终败北，他也被大禹杀死。

共工死后，大禹占据了有利地势，降低了水患的袭击。此后，他又不断地扩张，为夏朝的开辟打下了基础。

大禹得到了顶礼膜拜，世人为他歌功颂德，把他当成英雄。

有一天，大禹巡察天下，碰到一个人。大禹见他愁眉苦脸的，便问所愁何事。此人告诉大禹，他遇到了一个度量上的难题。

当时，度量衡正在发展中，时人常用手来测物体的尺寸、大小。他们把一只手捧东西叫"溢"，两只手捧东西叫"掬"。掬是基本单位，可是，若按掬计算的话，每个人手的大小不一样，就会导致测出的体积有偏差。

如何才能准确测量呢？这个人很焦心。

▲ 饰有花纹的战国木制漆豆

大禹想了一想，招来部落首领一起讨论。经过分析，他们认为，可用一个人的身高来作为度量的标准。

那么，以谁的身高作为标准身高呢？

首领们四处瞅瞅，觉得大禹比较合适。

众人一拍即合，把大禹的身高作为法定的度量单位。

度量衡，包括3个单位，一个是长度单位，一个是计量单位，一个是重量单位，三者合在一起，就构成了量度制度。

关于长度计量，春秋战国时已经能精确到很小的单位了。时人取用蚕吐出的丝，作为计量标准。蚕丝称为"忽"，10忽为1秒、10秒为1毫、10毫为1厘、10厘为1分；然后以分、厘、毫、秒、忽作为长度的单位。

那么，计量的容器，是什么呢？

它就是"豆"。

新石器时代，就发明了豆。这个"豆"，不是指吃的豆，而是有一双高脚的容器。它的上面像个盘子，可盛东西。经常有人拿它装肉羹、装酒，称为"一豆肉"、"一豆酒"，时间久了，它便被用于量度了。

豆，还用于祭祀，用于丧葬。作为随葬品，表示人死后也能用豆来盛水盛饭吃。

豆有很多形状，有圆的，有方的，有带耳朵的，有带柄的。古人非常喜欢偶数，有喜事成双之说，所以，为了图吉利，豆也经常以双数的形式出现。另外，还根据身份辈分的不同，陈列的豆的数量也有分别。

岁月流逝，豆也在进化，也在上升。在频繁的贸易往来中，计量制度迅猛发展，诞生了更精准的衡具——天平与砝码。

战国时的1斤，相当于现在的250克；战国最重的砝码，也在250克以内。

使用衡具最多的诸侯国，是楚国。楚国流通铜蚁鼻钱，

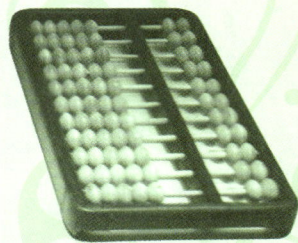

▲用来度量的戥子、砝码

就是些零碎钱，如同现在的硬币，用于找零钱；主要货币是黄金。为了避免出现差错，保证称量准确，楚国人非常依赖天平和砝码。若有楚国人死去时，陪葬物中都要放天平。

　　先秦的度量衡，对社会发展起到了推波助澜的作用。它折射了古人的智慧，也折射了民俗的光彩。

扩展阅读

　　新石器时代，原始人很讲究卫生。他们用小口的尖底瓶汲水，用绳子将瓶子置于水中，瓶会自然倒置，在装满水后，又会自动直立。这样一来，可使所汲之水比较卫生。

◎ 婚俗不俗

间谍是一种很古老的隐秘职业，史书记载的最早的女间谍，是夏朝的女艾。

女艾接到命令，要去寻找并暗杀一个叫浇的政敌。浇，非常不简单，力大无比，武功高强，神出鬼没。

女艾进行了详细的侦查，最终得知，浇住在女岐家里。女艾又经过打探，找到了女岐的家。

在一个月黑风高的夜晚，女艾潜入女岐的内室，看到榻上有人躺卧。她二话不说，猛地刺出一刀，然后迅速离去。

然而，女艾却错杀了人——躺在榻上的人，不是浇，而是女岐。浇当晚外出，没在女岐家留宿。

无辜的女岐，在睡梦中被杀死了。而她，也并不是浇的妻子。

女岐原本是浇的嫂子，她嫁给了浇的兄长，但浇的兄长短命，不久病死了。浇觊觎女岐美色，以请求女岐缝衣为名，接触女岐，然后与女岐同住。

浇与女岐的这种婚姻模式，叫"报"。报，是指弟弟可以娶寡嫂、侄子可以娶寡婶，为礼法所允许。

此外，父亲死后，儿子也可以娶庶母。这称为"柔"，也被允许。

古时候，还有抢婚的习俗，一直沿袭到商朝。

有一天，有一群人，骑着高头大马，四处转悠，好像在找什么人，像一群劫匪。其实，他们是来抢婚的。但是，女子家不同意，因为巫师占卜说，女子要在10年后出嫁才吉利。男方等不及，便过来抢婚。

抢婚的人，为了快点儿抢走女子，一点儿也不儒雅，而是扮成鬼怪野兽的模样，史书记载他们，"载鬼一车"，形容他们十分恐怖。女子吓得魂飞魄散，匆忙中，躲进了树林里。

在茂密的树林里找一个人如同大海捞针，谈何容易。抢婚的人找了半天，人影不见，顿时失去信心了。他们躺在地上，说这么难找，要不回去吧。随行的一个巫师占了一卦，卦象显示吉兆。巫师便说，天下着小毛毛雨，是个抢婚的好天气。

抢婚的人一听，又精神抖擞，投入到寻找女子的热潮中。他们在荆棘里趟来趟去，最终发现了女子，强行把女子抓到马上，快活地带走了。

女子泪水涟涟，痛哭不已，但无济于事。

在周朝，允许一夫多妻制，不少男子都有三妻四妾。这是男权的表现。

一个诸侯国的国君，在娶另外一个诸侯国的女子时，还可以同时得到"媵妾"。也就是说，还可以得到这个女子的妹妹或者侄女，有点儿像"赠品"的意思。

▼图中显示了传统热闹的古代婚礼场面

媵妾与嫡妻相比，地位低下。

魏武子是春秋时的一个大夫，他在临死前，留下遗嘱，要他的媵妾陪葬。这个媵妾还很年轻，性情也好，规规矩矩，闻言痛哭。魏武子的儿子非常明理，他没有执行让这个媵妾殉葬的命令，使这个无辜的媵妾得免一死。

门当户对在周朝并不盛行，贵族与平民的通婚，比比皆是。

聘婚时，要经过几个严格的过程。

男方要捕捉大雁，带着活蹦乱跳的大雁前去提亲，这叫"纳采"。大雁是候鸟，古人认为它定期迁徙，是顺应阴阳，往来有信；另外，能捕捉大雁的男子，一般都很英勇。

之后，媒人要询问女子姓名，了解女子是亲生的，还是收养的，这叫"问名"。

之后，男方还要再次捕捉大雁，拎着去女子家，等待佳音，这叫"纳吉"。

商定完婚日期，这叫"纳征"。

一般来说，古人都把仲春当成良辰吉日，这叫"请期"。

迎娶之日，黄昏时，男子要亲自前往女子家，为女子系佩巾，以示女子出嫁后，要做家务，这叫"亲迎"。

这六个步骤，就是"六礼"，代表了古代的仪式婚。

迎娶后，男子与女子合饮合欢酒。酒杯是两个瓢，即一分为二的瓠，表明二人从此合二为一，也叫合卺杯。这就是"交杯酒"的起源。

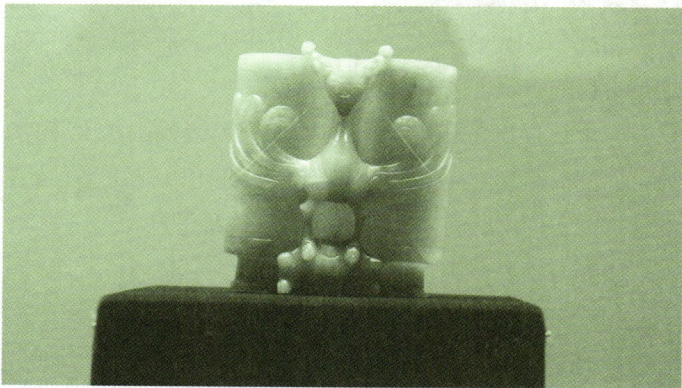

►合卺杯，连体双筒形，寓二杯相连、永不分离之意。

春秋战国时，流行自由恋爱，并不保守、落后。

扩展阅读

宋朝的面食技术了得，有汤饼（面条、面片儿等）、丝鸡面、三鲜面、鱼桐皮面、盐煎面、炒鸡面、大熬面、大片铺羊面、炒鳝面、卷鱼面、笋泼面、笋辣面、血脏面等。

◎粪与虫，真是个问题

伊尹出生在伊洛河畔的空桑。他的父亲长年不归家，他与母亲相依为命。为了生存下去，他在很小的时候就什么活都干。等到长大后，他先是种庄稼，后又当厨吏。

伊尹很有才华，智慧过人，口才很好，又有胆识。他长得却不太好看，又黑又矮。他先后5次想为夏朝天子桀王出力，但因相貌难看，每一次都遭到拒绝。

他很失望，决定另投明主，到商汤那里碰碰运气。

商汤是诸侯国——商国的国君，以仁治理国家，颇得民心。商经济发达，商业繁荣，政通人和，是唯一能和夏朝相抗衡的国家。

为了能进入商国的政治中心，伊尹绞尽脑汁想办法。他得知，商汤想要娶有莘国的公主，他便想尽办法，进入了有莘国，做公主的教师。然后，又作为陪嫁的奴仆，最终来到了商国。

伊尹到了商汤的王宫后，被分派到后厨。有一天，他做了一道味道奇特的鲜汤。商汤品尝后，大赞不已，召见了伊尹。

伊尹趁着这个机会，利用汤之五味阐述了治国之道，鞭辟入里，形象生动。

商汤大喜，相见恨晚，提拔伊尹为官员。

伊尹尽职尽责地辅佐商汤，又被晋升为府尹、相国。

伊尹为使国家强大，百姓富足，日夜操劳，鞠躬尽瘁。

当时，商国时有自然灾害发生，也常面临其他诸侯国的挑战，急需积累财富。伊尹便鼓励百姓大力生产，灌溉良田。

为了使庄稼有个好收成，他和村民一起下田耕作，教村民"区田以粪气为美"。

伊尹知识广博，智力超群，他在劳动实践中发现，粪便是最好的肥料，能使庄稼长势旺盛。即使是在丘陵地带，只要勤施肥、勤锄草、多浇灌，也能有收获。他告诉村民，好田不只是平原大地，只要善于用粪肥，山地也是好田。

在此之前，古人很少使用粪肥，对粪肥的作用，几乎一无所知。所以，当他们听到伊尹的指导后，半信半疑。

伊尹不泄气，他带领村民挖粪坑，储蓄牛、羊、猪、马、人的粪便，然后，用葫芦制成的瓢，将粪汁舀出来，洒向田地。

百姓看到丞相一个人在那里舀粪浇田，大汗淋漓，浑身臭烘烘的，也都学着他的样子去舀粪。

在期盼中，秋天来了，他们果然获得了丰收。蔬果都水灵灵的，谷物都沉甸甸的。他们忍不住手舞足蹈。

伊尹堪称人工施粪肥的始祖，而粪肥的发现，极大地促进了农业的发展。

到了春秋战国时，施肥技术已屡见不鲜。除了粪肥，古人还把腐烂的草叶作为肥料。

▲《耕织图》，有人在田埂上挑担子，有人在田间插秧

《周礼》对古代沤粪进行了记载：夏天，雨水较多，将割下来的草堆积在一起，经由雨水浸泡和高温发酵，草叶会腐烂成泥；存放很长时间后，腐烂的草叶最终会变成粪汁；用其浇田，使地更肥美。

刺草，是古人偏爱的一种草，沤粪最好。

树叶也可以沤粪。荀子还很诗意地说，树叶落下来，没有死去，而是变成了肥料，为原来的大树输送养料。

灰土，也是一种肥料，古人把它命名为"粪土"。

汉朝时，猪粪特别抢手，特别火爆，因为用猪粪种大麻，可使大麻异常茁壮。

猪借了猪粪的光，也身价百倍，各种形状的猪圈比比皆是。有的猪圈，是"单间"；有的猪圈，与厕所连在一起；有的猪圈，甚至与住宅连在一起；有的猪圈，与劳作地点连在一起；人死后，还要制作一些陶猪圈，让猪圈在地下陪着主人。

▲敦煌壁画上的野猪群，野猪驯化后为家猪

庄稼不会吵，不会叫，但并不容易伺候。不仅要施肥，还要防虫。

谈蝗色变，是古人最大的尴尬。

战国人发明了一种灭蝗虫法。那就是，深深地耕田翻土，除掉杂草，使蝗虫幼虫失去寄生的土壤和环境。

火烧，也是一种法子。古人甚至用麻袋装蝗虫的尸体，一袋一袋摞得到处都是，触目惊心。但是，大火却容易造成污染。

粪与虫，在生产民俗中，一直是主角之一。

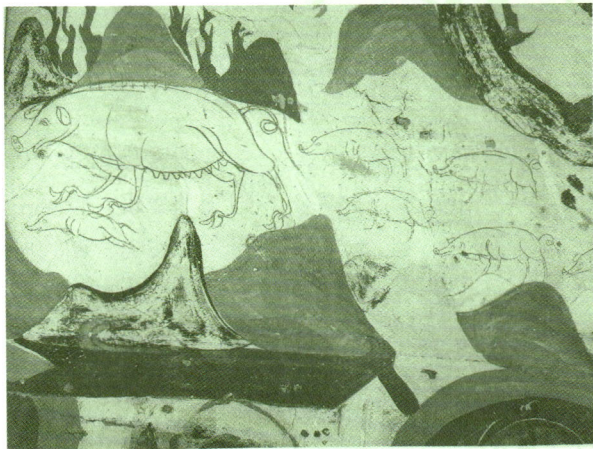

扩展阅读

汉朝为了向手工业者征收高额赋税，采取强硬手段。若有谁敢私自从事某种手工业，就要被几斤重的铁钳夹住左脚。朝廷与民间手工业争抢利益，限制了手工业发展。

◎年画的科技含量

伯夷与叔齐，是商末孤竹国国君的儿子。他们不满商纣王的暴政，隐居在渤海边，与当地的东夷人混杂。

有一天，两人听说，周地在西方渐渐强盛，而周君极有道德。他们很开心，打算去周地。

走到半路的时候，他们得知，周君死了，周君的儿子即位。

他们走着走着，就碰到了周的一支军队，是去讨伐商纣王的。他们看到，周君的尸体还放在板车上，也被拉着，随大军去铲除商纣王。

伯夷和叔齐相互凝视，非常失望，道："父亲死了不去埋葬，却发动战争，这叫孝吗？身为商的臣子，却要弑杀商王，这叫仁吗？"

周的将士听了，想要杀掉他们。

统率大军的军师姜子牙连忙拦阻，出来解围，说："这么重义气的两人，怎能白白死掉呢。"便让二人走了。

这是公元前1046年发生的事，之后，周与商纣王在牧野开战，商纣王大败。

就这样，商朝灭亡，周朝建立了。

▼《采薇图》，伯夷和叔齐的身边，放着铲子和装野草的篓子

伯夷、叔齐作为商朝移民，怀念前朝，以归顺周朝为耻。他们傲骨有志，立誓不吃周朝的粮食。

奈何天下尽归周朝，他们如何才能不食周粟呢？

在无奈中，二人隐入了首阳山，以采摘野菜为食。

在采摘野菜时，他们哼着歌曲："我上西山啊，摘野菜啊！"

但最终，他们饿死在了首阳山脚下。

伯夷和叔齐在世间消失了，但并未从历史上消失。唐宋时，他们被印在了年画中，被称为"和合二仙"。

年画，属中国画的范畴。它源自"门神画"。

▲ 可爱的胖娃年画

年画的叫法不一，宋朝人叫它"纸画"，明朝人叫它"画贴"，清朝早期人叫它"画片"。等到清道光年间，才有人叫它"年画"。

年画的内容不一，有花鸟，有胖娃，有金鸡，有春牛。它囊括了历史典故和天神传说，表现了古人对美好生活的期待。

▲ 祥和的连年有余年画

年画主要产于——天津杨柳青、山东潍坊、苏州桃花坞。

杨柳青有个好名声，它的采粉、敷彩、矾墙技术，都含有较高的科技含量。

何谓采粉？

它是一种颜料配制法。在颜料中加胶水，碾磨，让色泽更均匀，更有附纸性。

它很讲究，很精细，若胶水加多了，颜色中就会带有小点点；若加少了，颜色就会很淡，在多层上色时，会发生混色。

矾墙又是什么？

它是把年画倒放在画板上，在上面敷胶矾水；在没干之前，赶紧将它黏在门上。那不起眼的胶矾水，就这样把生纸变成了熟纸，让敷色变得简单了。

冬至左右，各地的商旅，会齐聚杨柳青。由于年画太抢手，不能马上备齐，很多人一直要等到腊月，这才陆续离去。

年画，体现了各地的文化风俗；每一个地方的年画，都有明显的本地特色；从年画中，可了解各地人的生活行为。因此，年画又有"活化石"之称，有历史风貌的"百科全书"之称。

扩展阅读

唐朝时，商品经济还不成熟。卖柴草，以堆论价；卖面条等，以碗论价；卖鸡蛋，以个论价；卖活牛、羊、猪，以毛重论价。买卖双方估计出一个大概数，便成交了。

◎鬼的秘密

楚国在立国前，穷得要命。楚人祖先衣衫褴褛，破破烂烂，在深山野水中挣扎生存。他们朴实、诚恳，尽管艰难，每年都要披荆斩棘、跋山涉水、千里迢迢地去周朝都城，推着小破柴车，向周天子进贡。

他们的都城丹阳，就是一个小村落，随随便便地树杈荆棘围着。周天子体会他们的不易，非常怜恤，大力扶持他们。

经过几代的经营，楚国富足了。楚人再也不向周天子进贡苞茅了。

楚国不进贡苞茅，意味着不再尊重周天子。周天子大怒，3次亲自率兵攻打楚国。最后一次路过汉水，当地楚人架桥时，偷偷做了手脚，等天子刚刚走到桥中间，桥就塌陷了。周天子掉入水里淹死了。

这是一起重大事件，由苞茅引起。那么，苞茅是什么呢？

苞茅，是一种植物，周天子用它来祭祀神；这种植物，还被看成是鬼神的垫子。所以，非常重要，甚至惊动了天子出兵。

古人敬畏鬼神，是因为不了解自然世界，便把许多奇异现象都视为鬼神的操控。

他们认为，神是尊贵的，神做的坏事少；鬼是龌龊的，总做坏事，总制造瘟疫，给人带来各种伤害；精怪，位于神和鬼之间，比神鬼的能力小，但比鬼灵活、善良。

在他们心中，鬼跟人差不多。他们按照自己的想象，给鬼神设置了环境、模样。

小孩死后，若不埋掉，就会变成鬼。小鬼不穿衣服，晃悠入屋内，索要衣服穿。

▲《群鬼图》中，鬼奇形怪状

还有的鬼，会发出声音，说"给我吃的东西"，这是饿死的人化生的。

还有的鬼，进到房子里，再不出来。这是索要住处的鬼。

还有的鬼，跟着人到处游荡。这是想做朋友的鬼。

战国人把一种鬼，叫做"履"。有脏水的地方，就会有履。

还有一种鬼，叫做"雷霆"。家里经常不打扫的角落，布满灰尘的地方，就会有雷霆。

还有一种鬼，叫做"鲑姜"。土堆的东北角，下面就有鲑姜。这种鬼，模样似个小孩，穿黑衣服，戴红头巾，拿剑和戟。

还有一种鬼，在水里隐身，皮肤赤黑，耳朵极大。

还有一种鬼，夜晚总来敲门，总是唱歌。歌声极其难听，可是，这种鬼很爱表演，唱起来没完。

还有一种鬼，是群鬼中的"强盗"，特别爱抢马羊。

如果有人做错了什么事，就会得到报应，鬼怪会冒出来捣乱，甚至索命。

不过，春秋战国时，也有很多唯物论者，他们不相信鬼神的存在，更看重人的作用。

白起就是这样的人。他不相信鬼神，只相信自己。白起有战神之称，他在战役中战无不胜，歼灭了韩魏联军24万人、楚军35万人、赵军60万人，总数有165万之众。他说，自己是按照兵法取胜，根本就没有鬼神相助。

尽管如此，相信鬼神的人，仍占多数。

郑国攻打许国时，郑臣子心怀不轨。此前，他和颍考叔因为争夺车辆，结下了仇隙，他想趁机报复。于是，在攻城时，当颍考叔攻占了城池后，郑臣子在城下，趁乱射出暗箭，射杀了颍考叔。

由于战场乱糟糟的，谁也不知道是郑臣子干的，将士们发现后，气得半死。

郑国国君为了平息众怒，便进行了诅咒。但他也不知道是谁暗箭伤人，所以，在诅咒时，言辞也不明确。他只是做做样子，告慰一下愤怒的将士们。

诅咒过后，气氛平静了。因为将士们觉得，那个射箭的人会被鬼缠身、骚扰，得到报应。

晋国大夫荀偃，也相信鬼神。

他有个志向，即吞并齐国。他在讨伐齐国时，经过黄河。为表示决心，他把系着朱丝的玉沉入黄河中，发下毒誓，如果不能攻下齐国，就由鬼神制裁。

他并没有攻下齐国，他患了重病。临终前，他的眼睛不能闭上，嘴也张着。他的部下知道，他还惦记讨伐齐国的事，便发誓说："请瞑目吧，我会督促完成你的愿望。"

这位部下说完，用手去合拢荀偃的眼睛，但仍合不上。

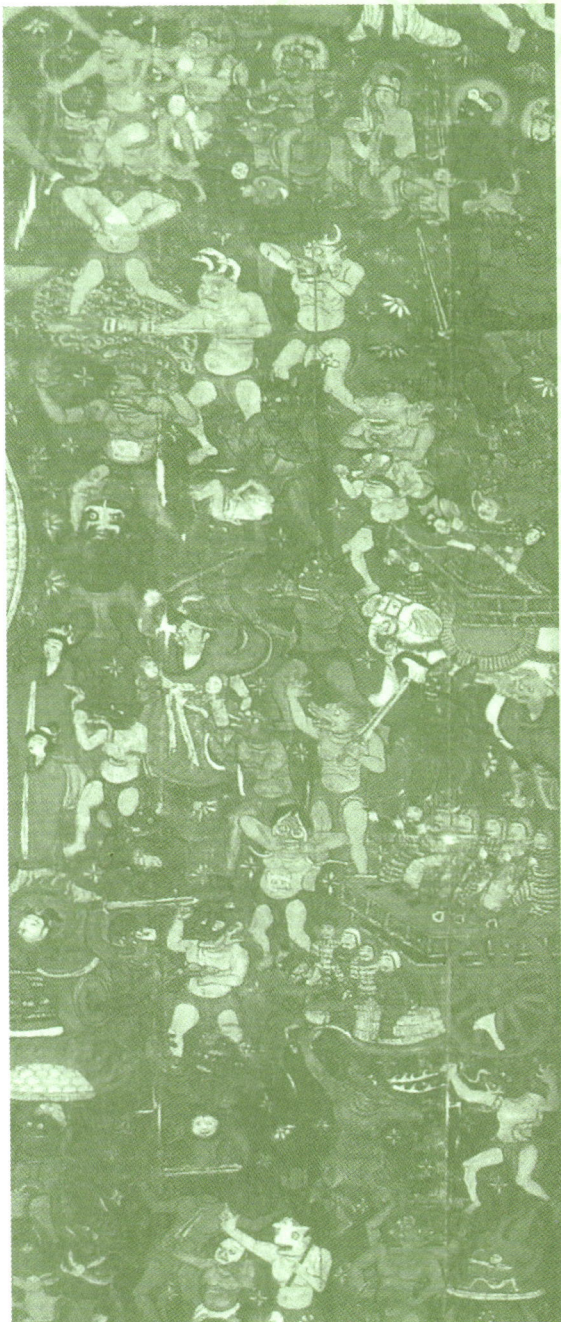

▲壁画上的《群鬼图》

部下想了想，又发誓说："我一定誓死讨伐齐国，否则就让我像黄河水一样有去无回。"

发完毒誓后，荀偃的眼睛闭上了。

荀偃和多数人一样，相信部下若违背毒誓，就会被鬼神影响，所以，他放心地去了。

汉朝时，吕后掌权。她仇恨戚夫人，便砍断了戚夫人的手脚，挖掉其眼睛，烧掉其耳朵，将其毒哑，置于厕所。她还把戚夫人的儿子用毒酒杀死了。世人都说她歹毒，暗地议论。

有一次，吕后从霸上经过。路上，她突然看到一个东西，模样很像狗，仔细一看，又蓦地不见了。

她有些恐惧，令人算卦。卦象说，是戚夫人之子的化身，要找吕后报仇。

吕后闻言，大惊变色，吓得不轻。

可见，鬼神之说，还是深入人心的。

鬼神并不存在，但它影响了古人几千年，是民俗史中特殊的现象。

扩展阅读

除夕送神的风俗，在唐朝就有了。每至年夜，和尚、道士都会被请来诵经，并摆好水果送神；要把酒糟抹在灶门上——"醉司命"，在灶里点一盏灯——"照虚耗"。

◎桃花丛中的上巳

叔梁纥在鲁国做官。他个子很高，力气很大，在一次战役中，他立下了惊人的功劳。

鲁国的将士奋力攻城。守城的人突然把城门打开了，鲁国将士一见，觉得是个冲锋的好机会，便一拥而入，突入城内。其实，这是守城人的计谋，打算把鲁国将士放进城来一半，然后关门狠打。

于是，刹那间，城门缓缓地降落，就要关上了。就在这千钧一发的时候，有人注意到了这个情况，立刻冲了过来。

他就是叔梁纥。

叔梁纥奋不顾身地举起双臂，拼命托住正在下坠的城门。

城门有几千斤重，还裹挟着重力加速度、惯性，但叔梁纥仍旧全力支撑着。

鲁国将士看到后，知道中计，飞快地向城外跑。就这样，叔梁纥拯救了无数的人。他的神勇，被四处传扬。

叔梁纥并不开心，他甚至有些郁郁寡欢。因为他的妻子生了9个女孩，他的妾倒是生了一个男孩，但不幸腿脚有残疾，是个跛子。他想要一个健康的男孩传宗接代，却难以实现，这让他非常懊恼。

▲花树间，粉白相映，带来春之气息

战后，叔梁纥来到颜氏家，向颜家求婚。

叔梁纥的年纪，与颜父差不多。但颜父不计较这个，他佩服叔梁纥的英勇，同意了这门亲事。

颜父叫来3个女儿，让她们做出选择，由谁嫁给叔梁纥。

长女和次女觉得叔梁纥实在太老了，都不乐意，不说话。

小女儿颜徵在重孝道，为了达成父亲的心愿，便欣然应允了。

十几岁的颜徵在，就这样嫁给了四五十岁的叔梁纥，并很快生下一个男孩。这个男孩就是日后闻名天下的孔子。

奇怪的是，在孔子诞生不久，叔梁纥便去世了，而孔子和母亲颜徵在竟被孔氏家族赶出门，在外面漂泊。

何以如此呢？

原来，叔梁纥与颜徵在并没有举行正式的婚礼，他们选择了野合。

野合，在史前就有了，在春秋战国时更普通。因为社会动荡，诸侯混战，最缺兵源，所以，各个诸侯国都鼓励生育，允许并鼓励野合；春天时，各国还在野外水边，在丛丛桃花中，举行集会，给野合创造条件。

叔梁纥大概是因为年迈，而颜徵在过于年少，他们的结合，于礼不合。所以，便选择了野合。这也是孔子幼年流寓在外的原因。

▼《春游晚归图》，桃花三月，踏春而行，叩门而归

野合，还催生了上巳节的出现。

从史前开始，古人就崇拜生育，但又不理解生育，以为图腾进入女子体内才能孕育。不过，并不是每个女子都能正常生育，由于疾病原因，一些女子终生不育。古人便琢磨，这一定是鬼神作祟的结果。所以，他们便在春三月去沐浴，试图以此洗去秽气，以治疗不育。久而久之，相袭成俗，沐浴成为三月三的重要内容。这也是"上巳节"的来源，它的意思，三月上旬巳日这一天的节日。

周朝时，古人还在三月三相约到水边洗濯，称为"祓禊"。

沐浴变得非常神圣了。

到了汉朝的上巳节，官与民同乐，一起到水边，洗去污秽。那时候的水流，没有污染，清澈甘甜。他们一边清洗，一边戏水，一边饮用。水上漂流着粉色和白色的杏花瓣、桃花瓣，美得入诗。

上巳节中，还包含男女"相奔不禁"的活动，还要祭祀高谋。高谋，就是管理婚姻生育之神。

"谋"字和"媒"字相似，谋便从媒字转化而来。最开始的高谋，是个孕妇模样，赤身裸体，有强壮的大腿，发达的胸部，突出的肚子，这是生殖的象征。汉朝的高谋，和婴儿连在了一起。

在上巳节祭祀高谋，不仅为求偶，更为求生育能力。这一天，男男女女光明正大地幽会。一些贵族，还趁此炫耀钱财，肆意游玩。

由于这是法定的幽会日，所以，人人都穿得漂亮，仿佛时装的盛会。

历经几千年，三月三日成为了游春的节日。古人还把这一天，定为麦子的生日。他们把麦子看得和人一样，希望麦子也繁衍很多。

上巳节过后，春耕就开始了。

扩展阅读

孔子说："席不正不坐。"意思是，席应当摆在恰当的位置，不能歪斜，不能僭越等级。这是春秋战国时贵族起居的一种习俗，如果有谁没有遵守，就会遭到耻笑。

◎烛光中的周朝

在原始部落，火用来照明。

蜡烛的发明，是在夏商周时。只要国家有了大事情，就会点烛，围烛商讨。

"坟烛"，也叫"麻烛"，也叫"大烛"，放在门外，像大树一样。

"庭燎"，也是烛。它放在门里，置于庭院中，也像大树一样。

庭燎的烛芯，用芦苇制成，也有人用荆条做烛芯；外面用麻布缠绕，然后用蜜汁浸泡。这样一来，能让蜡烛的燃烧时间成倍增加。如果蜡烛很大的话，甚至能燃一夜。

周宣王时，暮色刚刚蔓延，天还没全黑，就到处都闪烁着烛光了。这时，古人就不再劳作，而是唱歌、聊天，好不自在。

周朝规定，根据身份的不同，使用庭燎的数量也不同：周天子可燃100根庭燎；诸侯可燃50根庭燎；侯伯子男可燃30根庭燎。

春秋时，诸侯们都不拿天子当回事儿，把这种制度抛到脑后，随便燃烧庭燎。有的人，燃烧庭燎的数目，远远超过了天子。

庭燎的制作，要花费很多钱，所以，平民消费不起，还是摸黑。

这个时期，在庭院里放庭燎，渐渐成了一种礼节。晋国在犒赏三军时，就用庭燎来犒赏将士。

国君有钱，出手阔绰，可以在院子里树立很多庭燎。其他人不那么有钱，不能在庭院中间立庭燎，便让侍从用手拿着。所谓"秉烛"，就是用手拿着蜡烛。

当贵族大摆酒宴时，侍从们便遭罪了。因为他们要整

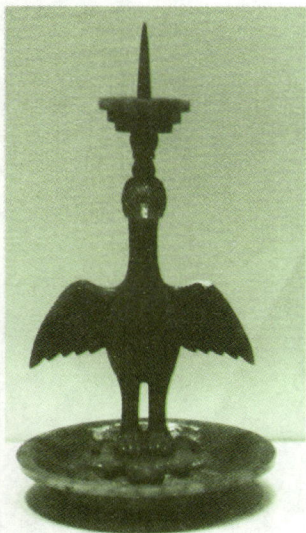

▲古朴的青玉烛台

夜地拿着蜡烛，一动不动。其中，司宫持烛，站在西边的台阶上；甸人持烛，站在院内；阍人持烛，站在门外。

手持蜡烛，灵活方便，但蜡烛一不小心就容易引起火灾。

春秋末年，孔子的徒弟曾子生了病。内室中，有4个人探望他，都席地而坐。在角落里，坐着一个小童，拿着蜡烛。

小童不乐意，抱怨道："这么好的待遇，不是大官才有的吗？"

这个小童颇有见识，知道贵族的礼仪，指出曾子采用这样的照明方式不合规矩。小童年幼，力气也小，拿着蜡烛也很费事，所以，他才出言抱怨。

在周朝王室中，无论拿蜡烛，还是烧炉子，都要有专门的人负责。这些事，被视为专业性很强的事儿，因为容易酿成火灾。曾子的小童，因为怕引起火灾，只能缩在墙角，这也是小童抱怨的一个原因。

烛，一件不起眼的东西，却在古代发挥了重大作用，并被纳入了礼制。

▲晶莹剔透的玉烛台

扩展阅读

古代闽商有节俭的风俗。他们徒步行走，披星戴月，登山涉水，动辄走上几千里的崎岖险路，所获得的微利，都是经历了万般辛苦而得来的。成功极其艰难、不易。

◎ 土地是人的最终归宿

丧葬出现于何时呢？

远古时，原始人的亲人死后，尸体抛弃在旷野中、密林中、水洼旁。原始人看到，躯体不仅被动物蚕食，还被蚊蝇叮咬，爬满寄生虫。他们的内心，涌现出哀伤和悲情。于是，他们便挖了坑，将尸体埋掉了。

这就是最早的丧葬。

周朝人保留了远古的丧葬习俗——"不树不封"，既没有封土堆，也不种树，墓地没有标记。

直到周末，才渐渐有了坟堆。坟堆也不正式，稀松平常，聊胜于无的样子。

孔子幼年时，失去了父亲。长大后，他不知道父亲的墓在哪里，多次找寻，到处打听，费了九牛二虎之力，才找到了所葬之地。

他将母亲与父亲合葬在一起。

他想，倘若没有坟堆，过了几年，野草丛生，与荒野连成一片，可能还是找不到墓地。

于是，他在墓地堆起了坟堆，坟堆隆起，成为一个醒目的标志。

春秋时，吴国有一个著名人物，叫季札。他的知名度，和孔子差不多。季札访问北方时，他的长子与他同去。返程路上，到了齐国，长子突然生病，很快便去世了。

天气炎热，路途遥远，要想把儿子的尸体从齐国运回吴国，是不可能的，唯一的方法就是在当地埋葬。

季札亲手挖了一个深坑。儿子下葬时，他没穿灵衣，只穿普通的常服。他看着众人把棺材放进了坑里，用泥土覆盖。泥土高于地面，人弯下身子就能用手够着，这就是"封"。

季札将左臂袒露，从右到左，围绕着墓地走了一圈。他边走边大喊三遍："我的儿啊，你又回到了土里，一切都是命啊！"

之后，季札带着众人返回了故土。

古人觉得，土地是人的最终归宿。因为他们吃的食物，都是从地上长出来的，人死后，就要葬回泥土里。这样的循环，是"命"的安排，不必多加哀叹。

他们感觉难过的是，人去世后，灵魂仍在，但他们却

◀青铜制作的摇钱树，寄托古人美好愿望

无法见到。

周朝时，有了封土堆，还在墓地种上树。周朝把它纳入礼制，甚至规定了坟堆的高度、所栽之树的类型与数量。

周天子的坟堆，要有3仞之高，种松树；诸侯的坟堆，只有天子的1/2高，种柏树；大夫的坟堆，要有8尺高，种药草；士的坟堆，要有4尺高，种槐树。

服丧期间，追求简单，甚至简陋。

守丧者不许再洗澡，除非肮脏致病了，才能洗一洗。

守丧者搭起的竹木茅草屋，叫"倚庐"。守丧者躺在草上，用土坯当枕头，和衣而卧；很少外出，不与人交往，不分时辰，有的人竟然在30年中都不说一句话，只是昼夜啼哭。

隆冬守丧，最为寒苦。有一个守丧人，已经年迈，白发苍苍。有人担心他抵挡不住严寒，便偷偷地在他的卧席下塞入了几块毡絮。他发觉后，大发脾气，把毡絮拿掉了。

若父亲或母亲去世了，3天之内，子女不能吃饭喝水，要空着肚子悼念；入殓后，可吃一点儿粥，补充体力，防止晕倒、昏迷；守丧时，只能吃粗茶淡饭，不能吃水果蔬菜，更不要说鸡鸭鱼肉了；假如有人不守规矩，将会被视为败类，罪人，要受严格的制裁。

有个人，贪恋酒肉，吃了，也喝了，结果被举报，屁股挨了板子，被撵出京城。

还有个人喝了点儿酒，唱起了歌，也被打了屁股，削了官职，发配到荒芜之地。

守丧期一般为3年，服丧者要日日喝粥。如果他很不幸，期间又有亲人去世，那么，他吃得还要更差，甚至会被饿死。

春秋战国时，有一年，因此而死的人，竟有10个！

服丧期过长，成为丧俗里一个很大的问题。墨子就极度反对。

墨子对旁人说，君主去世，要守丧3年；父母去世，要守丧3年；妻子、长子去世，要守丧3年；叔叔、伯伯、弟兄、孽子去世，要守丧1年；族人去世，要守丧5个月；姑姐、姊妹、外甥、舅舅去世，也要守丧几个月。这么一守，一个人的一辈子都过去了，时间都浪费掉了，几乎等于白活了一遭。

的确，人活着，难道就是为了喝粥、守丧吗？

在墨子等人的影响下，丧俗渐渐不那么严谨了。但丧葬的流程，还是很烦琐。

死者还要"含饭"。西周文献记载：死者口中含米、贝，谓之"饭"；含珠玉谓之"含"。以此希望亲人在阴间衣食无忧。

明清时，病人将死时，会被抬到"置尸板"上，然后亲人拿一点儿棉花，放到病人的鼻子处，若棉花纹丝不动，代表病人已无呼吸。

人死后，要带"打狗棒"。棒是秸秆做成，共7根，插在"供饭"的盆上；然后，拿麻绳把死者的腿脚缚住，谓之"绊脚丝"。这是小殓。死者随棺入葬，这是大殓。

扩展阅读

商者要识人，经商有三相：相物、相屋、相人。若来客眼光闪烁，说话吞吐，其人必斤斤计较；若过于礼貌、谦恭，其内必有别的想法；若热情过度，必是要压低货物价钱。

◎ 春秋战国的纳税人

公元前627年，郑国商人弦高，要去洛邑经商。

他带着几个伙伴，赶着牛群，上路了。途中，他无意间看到了秦国军队。

秦军全副武装，浩浩荡荡，前进的方向正是郑国。弦高当即断定，秦国这是要偷袭郑国。

弦高很着急，他叫过来同行的伙伴蹇他，告诉蹇他，搞偷袭的人，大都以为别人没有防备，想打别人一个措手不及；如果秦军看到我们郑国有准备，他们就不会偷袭了，就会回去了。

他让蹇他赶紧跑回郑国，去报告军情，他自己则假装成郑国的使者，前去和秦军周旋。

弦高把自己的12头牛和4张牛皮作为礼物，赶到秦军将领那里。他说："郑国与秦国友好，郑国知道秦军正在行军，将士劳苦，特派我前来接待。"

秦军将领听了，目瞪口呆，以为郑国已经知道偷袭这件事，做好了应战准备，只是没有撕破脸皮而已。于是，秦军将领想了想，便灰溜溜地返回了。

就这样，弦高兵不血刃，不费一兵一卒就平息了一场战事，让郑国躲过了一场刀兵之灾，被传为美谈。

郑国国君要赏赐弦高，弦高却拒绝了。他的解释是，自己身为郑国人，为国家尽心尽力，是责任和义务，是分内之事，如果因为这个就要奖赏，那他就不是郑国人了。

弦高作为一个商人，从郑国前往洛邑，洛邑是周天子的都城，这说明，弦高的经商实力很强大。也说明，当时的商贸往来，也很繁荣了。

商业，最早出现在商朝。商朝人除了种地，还爱做小买卖。他们赶着牛车，到很远的地方去贩卖，以养活父母。

春秋战国时，市场已经熙熙攘攘，常导致交通堵塞。车子根本就过不去，人都只能勉强挤过去。市场上什么稀罕物都有，甚至还有卖假足的。

假足是卖给犯人的。犯人常被使用残酷的刖刑，就是被削掉膝盖骨。所以，假足供不应求。

在齐国，还有"金子专卖店"。监管严格，有官兵把守、巡查。有一日，一个人脑子不开窍，好像发狂了，在光天化日之下，突然去抢夺金子。还没等他开跑，就被巡查的官吏逮着了。

市场中，还有一个特殊的职业——市师。市师，是管理市场的官员。有的人长时间做市师，世人为图省事，干脆不叫他的名字，而叫他"市"。结果，他的后人，全都姓市了。

古时候的商战，也是异常激烈的。郑国的商人崇尚包装，即便所卖的珠子很一般，他们也要把装珠子的盒子包装精美，用香料熏，用珠玉镶嵌。"买椟还珠"的故事，就发生在郑国。可见，郑国商人的手段，非同一般。

楚国也有很多有头脑的商人。商人制作了很多羽觞，还在羽觞的底部，刻上一个印，印上只有一个字，标记生产者或产地。这个印的作用，类似于商标。

商业对国家的贡献很大，商人是最大的纳税人。可是，商人没有地位，被人看不起，被排除在君子之外。

一个叫绛的地方，有个商人，途径晋国都城时，用皮革和木革把自己的车子遮盖起来，自己躲在车内，不见人。他很富有，吃得好，穿得好，可是，不受上流人士认可，只得饱受屈辱。

上流人士为什么不尊重商人呢？

因为许多商人富可敌国，国君担心商人会跟自己分庭抗礼，影响国家安全；另外，商人既不上阵杀敌，又不参与治理国家，可是，财富却比将领和政客要多，这使他们很不高兴。他们心理不平衡，看商人一百个不顺眼，便想出了一个馊主意，让商人遮盖车辆，自惭形秽。

商人被人踩在脚底下，可是，商业并未被取缔，因为他们的纳税，是国家的主要收入。齐国还选出了专业人士，专门负责与商人接洽；当然，也派出了人，监督商人的动向。

按照商业法，商人必须集中居住在一个地方，任何商人都不能随意搬家；一旦做了商人，一生都不能改行；商人世代也永远是商人。

商人饱受欺凌，有很多不满的情绪。商人若想上诉，若想上访，都不行。因为他们被视为卑贱的人，没有资格

▼《商人遇盗图》，商人是主要纳税人，但不被尊重，还常被打劫

见高官，见天子。

商人怨气更重，想到自己辛苦纳税，反而受到这么不公正的待遇，他们便开始偷税漏税。

这让国家对商人更加抵触。有一次，卫国和晋国交战，关系紧张。晋国财大气粗，实力强大，扬言若想停战，只有一个办法，那就是，让卫国把太子送到晋国做人质。卫国国君无法，只得同意了。有个卫国大夫不知是什么心理，冷不丁地冒出一句，让工商之子也做人质去。

众人一听，全部赞同，他们恨透了商人，烦透了商人。

商人也分三六九等，有大商人，也有小手工业者。

楚国有个地方，叫蚁丘。有个人做豆浆贩卖。孔子经过蚁丘时，恰好碰到这个卖浆者，在他家里借宿了一晚。孔子看到，卖浆者从早忙到晚，夜里也不得闲，非常辛苦不容易。

宋国有一个鞔匠，也是下层商人。他住在重臣子罕的居所旁。他的小屋破败，他就在屋门口做活儿，勉强维持生计。子罕位高权重，想把宅院扩大一倍，可是，鞔匠的小破屋就在旁边。

怎么办呢？

所幸子罕是一个德行高洁的人，他不准人撵走鞔匠。他不忍心，便让鞔匠一家仍在此居住。鞔匠心怀感激，逢人便说子罕的好处。

卖浆者和鞔匠，都是自产自销。他们的商业模式，在春秋战国是很普遍的存在，也是一种主要的模式。他们收入稀少，纳税不高，但积水成多，也是一笔庞大的数目。

他们的存在，是民俗中浓墨重彩的一笔。

小商业者的生存，心酸，艰难。大商业者财大气粗，日子会好过些。

子贡就是一位成功的商人。他非常聪明，能敏锐地洞察到商机，判断出价格的变化，口才还非常好。他有许多跨国生意，这让他富可敌国。

子贡虽然经商，但却无人敢鄙视他，反而都吹捧他。因为他颇有才学，还参与过政事，还进行过杰出的外交斡旋，是孔子的得意门生。

不过，最神气的商人不是子贡，而是鄂君启。

鄂君启是楚国人，楚王的弟弟，封号为鄂君，名字为启。

一年的2月，楚王给鄂君启颁发了一个金节，即通关凭证，免税的。鄂君启做的是跨地生意，如果没有金节，每经过一个地方的关卡，都要交税；有了这个免税金牌，就不用交税，畅通无阻了。

楚国的各个关卡，控制严格，普通人带着军用物资无法通关。鄂君启就不同了，他享有特权。他有好几百艘船，船上装得满满的，有150多艘船不用纳税。还有一些船，装着牛羊马等牲口，盘查较严格，但也不用交关税，只在国都交一点儿税就行了。

鄂君启成为最大的一个逃税人。

春秋战国时，诸侯国众多，诸侯们日夜混战，导致人口流动频繁。其中，不乏一些商人。商人到处辗转，促使商业仍旧繁荣，并没有因为战乱而有所削弱。

诸侯国一边压制商人，一边又依靠商人，商业就这样负重前行。

扩展阅读

原始人类的以物易物，就是商业的前身。夏朝时，古人用海贝、仿制骨贝、石贝作为货币，买卖东西。商朝末年，贝正式成为了货币，以"朋"作为计量的单位。

◎钱有多少种模样

公元前516年，发生了一件大事——一直逃亡在外的鲁昭公，想尽办法也没能回到鲁国；他想去拉拢齐景公，请求齐景公助他一臂之力，帮他返回鲁国。但是，如何才能获得齐景公的帮助呢？

鲁昭公想了个办法，决定从齐景公宠信的一个大臣那里寻求突破，这个大臣名叫梁丘据。而高龋，则是梁丘据宠信的人。鲁昭公便让两个人偷偷去拜访高龋。

两个人来到高龋府上，送给高龋礼物——两匹上好的锦。他们向高龋许下承诺，如果高龋能说动梁丘据，让梁丘据说动齐景公，支持鲁昭公返回鲁国，那么，就不只是两匹锦的事了，还有更丰厚的礼物。

高龋眉开眼笑，很高兴。他拿着锦，送给梁丘据，说鲁国的锦很精美，由于道路不畅，鲁昭公先送两匹来看看样子，事成之后会有更多的锦送来。

高龋还说，鲁国的锦便宜，"百两一布"，如果鲁昭公多送他们，他们就能以高价卖出。

梁丘据听了，也很开心，便去游说齐景公了。

春秋战国时，织物的量法是：两丈为一端；两端为一两。高龋说"百两一布"，意思是，200匹锦等于1布的价格。"布"，不是指布匹，而是一种钱币。

布，是青铜制的，有3种：原始布、空首布、平首布。

原始布，模样似个铲子，是远古人模仿铲地的铲子制

▼ "金花银"银锭

▶制作精细的钱钞模版

造的。

空首币，最初的模样，也像铲子，后来，由于不便携带，便越变越小，看不出铲子形了。接着，更小的圆铢出现了。

平首布，共有9种，很轻，扁扁平平。

也就是说，早期货币是模仿劳动工具制作的；后来，古人开始追求货币的美观。比如鬼脸钱，就是模仿巫师的面具制作的。

扩展阅读

上古时，一些部落有拔牙的习俗。若有哪个氏族成员被拔掉了两颗上颌的侧门齿，便表明：拔牙者已经长大成人，获得了婚姻资格。也就是说，拔牙是一种成人礼。

◎抢手的龟壳

憔，是什么？

它是樵薪经过烈火灼烧后，形成的黑东西。也就是——炭。

占卜时，憔是主角。巫师把憔火放到甲骨的钻凿处，一边念叨，一边烧灼。由于此处很薄，在烧灼下，会出现一些裂痕。这些裂纹，在古人看来，就是兆纹，预示凶吉。

相同的一件事，巫师往往要占卜很多遍，烧很多次憔。

巫师很忙活，不仅要用甲骨正面占卜，还要用甲骨反面占卜。有一个巫师，有时候摆弄龟壳，要占卜18次，累得够呛。最后，要在龟甲的腹部正面，刻上占卜的次数。

起初，占卜被周朝王室垄断了，各个诸侯国不允许占卜。后来，王室逐渐衰败，实力大减，诸侯国不把王室放在眼里，也纷纷去占卜了。

野生乌龟毕竟是有限的，龟甲很稀少，因此，诸侯国都将龟甲视为国宝，称龟甲为"宝龟"、"元龟"。

由于用龟甚巨，龟壳格外抢手，需要从南方贡纳。

秋天时，密密麻麻的乌龟，从南方运来。等到春天时，举行杀龟仪式。先宰牲口，用它们的血，祭祀乌龟；然后，杀死乌龟，剔去血肉、内脏，把空龟壳贮藏起来。

有些富贵人家很向往占卜，也想摆弄龟壳，但必须要向国君申请，等国君同意了，方能占卜。

郑国有一位大夫病逝了，他的儿子年幼，他的叔叔驷乞便做了继承人。

郑国的执政子产，讨厌驷乞为人不端，觉得驷乞做继承人并不合适，不符合礼法。因此，他对此事，没有表态，没有答应，也没有反对。

到了冬天，晋国想借此事挑衅，便派人到郑国，质问郑国，为什么要立驷乞为继承人，这合乎礼制吗？

驷乞害怕极了，害怕受到惩罚，想要逃走。

子产是个智者。他不让驷乞逃走，好好过日子。

子产以强硬的态度，面对晋国，没有免除驷乞的继承权利。否则，那就意味着，郑国要听命于晋国。这样，郑国就会失去威望，难以崛起了。

驷乞却惶恐不安，又去请求子产，想要用龟甲占卜一下祸福。子产不允许，没有理睬他。

驷乞碰了一鼻子灰，怏怏地闷在家中。

子产虽然不让他用甲骨占卜，但为了国家利益，还是保护了他。

龟甲，是种尊贵的时髦货，但携带不方便。在外作战，或执行事务，揣着一大堆龟甲，显然啰唆。龟甲上的裂纹，复杂多变、杂乱无章，有很大的随意性，很难让人相信它的预兆。所以，占卜开始没落了，走了下坡路。

蓍草，作为一个占卜新星，走红了。

用蓍草占卜，叫蓍筮。揪着一束草，很方便，顺手就得。

穆姜是鲁国国君的夫人，她私通他人，试图杀死国君。不料，谋事不密，东窗事发，露了马脚。穆姜被废黜，国君令她迁移到东宫，在那里幽禁。

在去东宫之前，穆姜的随从劝她，赶快逃往别的国家。

穆姜不语。

她叫人蓍筮。占卜的结果是吉，意思是，若逃跑，可获吉利。

但穆姜没有逃，她淡然道："虽然卦象为吉，但若不具备仁、礼、义等美德，也是无法吉利的。"

穆姜坦言自己的品德不足，拒绝了出逃。她的话语，表达出，占卜虽然重要，但人的作为更重要；人不能依赖占卜。

她的观点，具有进步的意义，对后世影响很大。

秦国和晋国，关系复杂，既经常发生战争，又有"秦晋之好"。晋国国君将女儿嫁到秦国时，占了一次蓍筮，卦辞为凶兆。国君不当回事儿，不以为然，置之不理，还是把女儿嫁到秦国去了。

晋国国君死后，其子继位，为晋惠公。秦国和晋国发生了韩原之战，晋惠公很倒霉，被秦国俘虏了。

晋惠公想起以前的那次蓍筮，说，如果早年听了卜辞之言，避了那个凶兆，今天就不会沦落至此了。

一个大夫反驳道，得到现在的结局，和蓍筮有什么关系？倒是因为先君做的坏事太多，蓍筮哪里赶得上先君做坏事的速度呢？

春秋时，《易》出现了。它对卦有了独到的见解。

扩展阅读

殷墟出土的龟甲，有160030片。如果以10片龟甲为1只全龟计算，那么，最低限度也应当用了16003只乌龟。甲骨上的刻辞记载，有12334只乌龟是远道进贡的。

◎ 公输般为哪般

在一个艳阳高照的日子，公输般在一片树林里走着。突然，他被一片草叶吸引了。他俯下身，摘下叶子研究了起来。

他惊奇地发现，叶子的两边有弯弯曲曲的细齿，极为锋利，差点儿划破他的手。

他注意到，在另一片叶子上，有蝗虫在啃噬。蝗虫的板牙也很锋利，很快就吞噬了大片叶子。他抓起蝗虫，看到蝗虫的板牙上也有许多锋锐的细齿。

公输般站在树林里，沉思了起来。

他这样发呆，是为哪般呢？

原来，他此次上山，是接到了一个任务——建筑一座宫殿。由于需要很多木料，他便让徒弟们上山伐木。可是，由于完全依靠双手，砍树效率极低，眼看工期接近，木料却还很稀少。他很着急，便亲自上山察看。途中，他正巧注意到了长有锯齿的野草。

▼《渔樵图》，樵夫和渔夫的神态，栩栩如生

他一连几天都琢磨这种草，再一联想到蝗虫的牙齿犹如工具，他受到很大启发。他的脑海里，浮现出一个想法：若是制出一把带有锯齿的砍伐工具，是不是会更好呢？

他让人找回一些大毛竹，把大毛竹弄成带有小锯齿的竹片。之后，他用锯齿竹片去拉割一棵小树。过了一小会儿，小树上就被割出一道沟壑。

他非常高兴。问题是，竹片

很软，影响伐树效率；而且，竹片使用太多，本身也很浪费。

公输般再度开动脑筋，他想：用铁片代替竹片不就可以了吗？铁片要比竹片坚硬，又不易损坏。

就这样，世界上第一把锯诞生了。它的发明，为人类做出了很大的贡献。

公输般，姓公输，单名为般。他是鲁国人，由于"般"和"班"通用，世人都称他为鲁班。

◀古代手工业发达，但务农仍是根本，此为《樵夫晚归图》

铁器在春秋战国时得到发展，冶铁工匠陆续出现。与此同时，其他工匠也都有了更细致的分工。

工匠的职官有"轮人"、"舆人"、"弓人"、"庐人"、"车人"、"梓人"等。鲁班就属于轮人。

轮人，技术最突出，是了不起的木匠，成为"国工"。轮人制出的车轮，"可规、可万、可水、可县、可量、可权"，特别神奇。

舆人，是制造车舆的人，也有高超的技术。他们制造出来的车舆，圆的部分，像圆规画出来的圆；方的部分，像矩形一样棱角可分；竖的部分，像垂直的绳子一样笔直；横的部分，像水平线一样标准、平缓；竖立的部分，要像从土地里长出的参天大树一样挺拔直上；交叉的部分，像树木的枝丫一样疏密有致。

庐人，是制造兵器的人。他们制造出兵器后，把兵器直立在地面上摇动，兵器不会弯曲；把兵器横过来摇动，兵器依旧坚韧；把兵器竖立在两墙中间，兵器的曲直均匀。

梓人，是制造乐器的人。他们雕刻出各种野兽，作为乐器架子的底座，不仅好看，还有助于让乐器发出更美的声音。这是充分利用了木架和音乐演奏的共鸣效果。

工匠总是被小看，被轻视，其实，他们是伟大的。他们利用物理知识，把人类从手工劳动中解救出来，提高了生产力，促进了民俗文化的发展。

扩展阅读

漆，在春秋战国时得到充分利用。漆树茂盛，制琴瑟时，多经髹漆。漆色有黑、朱、紫、黄、白、绿等。传说中国的金银扣，就是在漆器的边缘镶上金边或铜边。

◎ 动物中的阉割术

《诗经》中有一首诗，描写了一个热情的放牧人。

他带着食物、蓑衣、烟草，赶着一群牛羊。牛羊的毛发有10多种颜色，色彩绚丽，如彩云下凡。羊一共有300只，牛一共有90头，它们嬉戏、奔逐、啃噬、饮水，角贴着角，互相摩挲，脑袋摇来摇去，可爱壮观。

这首诗，再现了春秋战国时畜牧业的发达。

在时人心中，谁家的牛羊多，谁家就富裕。因此，牛羊的地位上升了。此前，牛羊都是被杀后作为贡品的，现在则成了干农活的"骨干"，颇受爱护。

马的命运，也是如此。马的用途更多，大致有六种：繁殖、军用、仪仗、驿用、狩猎、杂役。

养马还成了一门专业技术。

有一个鲁国人，春季时，精心做了个马厩，准备把马关到棚子里。

有人反对他做马厩，觉得他有些痴傻。因为秋天时，万物枯萎，不适合牧马，春天万物复苏，正是放牧的好时机，而不是把马关进马棚的时候。

有人批评这个鲁国人。鲁国人听了，觉得有道理，就采纳了意见。

那时候，医疗条件落后，给人看病都很难，别说给兽看病。但是，由于马很受重视，给马看病的医生却不少，都统称为"巫马"。

巫马们懂得马的养殖。每

▼ 生动的《孙阳相马图》，古人称孙阳为伯乐

个巫马，还有4个下属，算是临床医师。

骟马的技术随着兽医的发展，"攻特"应运而生了。

什么是攻特呢？

攻特就是骟马的技术、相马的技术。

马群中，牝马占3/4，牡马占1/4。如果给牡马去势，把它阉割了，就能使它变得温柔、驯顺、肥壮。

但在骟马前，需要给马看相，观察马的牙齿、体型等，判断马的优劣。

郜国人孙阳，是相马专家。有一日，他见到一匹骨瘦如柴的弱马，拉着盐上山，极为苦楚。孙阳仔细看去，蓦地发现，这是一匹千里马！

他向马的主人买回了马，路人都纷纷摇头。

孙阳不理，把自己的衣服给马披上，颇是爱惜。马突然叫起来，声音如玉石碰击，清脆悠远。孙阳更坚信了自己的判断。

▶形象逼真的青铜马

他细心照料这匹马。一年后，马形容大为改观，毛发熠熠发光，四蹄坚忍灵巧，马犹如龙一般。世人大惊，以重金购买，孙阳不卖。

孙阳把马赠送给了哲学家墨子，墨子骑着它翻山越岭，如履平地。

后来，孙阳到了秦国，为秦王驯服了很多野马，招募了很多骑兵，被封为"伯乐将军"。他的真名渐渐被遗忘，世人皆呼他——伯乐。

相马在古代至关重要。相马后再骟马，对马进行阉割。

汉武帝时，因为要对抗骑术了得的匈奴，马的数量达到极盛。

汉武帝下令，借马给百姓养。百姓免费用朝廷的马，用马干活。几年后，再还给政府。条件是，要使马繁殖。等到还马时，百姓只归还母马和小马驹，剩下的马归自己。

这样一来，满街都是马。在聚会时，几乎人人骑马。若是骑母马，就会遭人笑话，受人羞辱；若是骑公马，就显得得意扬扬。

此种风气，让骟马的民俗更加兴旺，因为阉割后的马会很精壮，骑行时，很有风头。

除了给马阉割，给猪阉割也很盛行。

猪的实用价值高。石器时代的原始人就懂得养猪了。

春夏之日，让猪自由奔跑。待小猪仔断奶后，就要阉割了。

给猪阉割，就是让猪失去性功能，公猪需摘除睾丸，母猪需摘除卵巢。这样一来，猪会很肥，肉质很好。

阉割的场面，是惊心动魄、极其紧张的。人要追着猪跑。

猪看似愚钝，其实一点儿也不傻，很聪明。它们会意识到危险来临，所以拼命奔跑。但过度奔跑，会让猪的心肺负担加重。古人深悉这一点，不会马上进行阉割手术，以免猪猝死。他们不懂得病理，但知道要让猪歇一会儿，待平稳后方才手术。

在摘除了猪的睾丸和卵巢后，猪的消化系统处于不工作的状态，如果喂食，会使猪的消化系统紊乱。古人当然也不知道"消化系统"的概念，但他们却懂得，不能马上喂食。他们总是在手术后10小时才喂食。

在古人心中，不养猪就是没出息，是不合格的人。

他们很爱惜猪，不嫌弃猪。他们给猪喂米糠、酒糟、豆饼等。还有人给猪喂桐叶和桐花。

他们还把2升麻子捣碎，加上1斤盐，煮熟，再加上3斗米糠，拌给猪吃，一点儿也不亏待猪。

可见，古人之风，真正是仁厚淳朴。

扩展阅读

编竹器是一种奇巧的民俗，有竹兵器、竹乐器。楚国人喜欢编竹席、竹笥、竹箱、竹盒、竹筐、竹篮、竹扇、竹箧等。竹扇所用的篾丝，宽度仅为0.1厘米，极精细。

◎环保的植物染色

周朝时，植物繁茂、青翠，尤其美丽。

《诗经》里，到处摇曳着植物的身影。如榛树、楛树、漆树、桑树、杨树、苞栎、梅树、扶苏、李树、杞树等。

有了植物，就有了提取天然染料的来源。新石器时代的原始人，在采集野果时，注意到了身上有汁液残留的颜色。慢慢地，他们发现，那漫山遍野的根、茎、叶、皮，经过水的浸泡后，都能染色。就这样，染色技术问世了。

周朝时，印染技术在整个世界都处于顶峰，为纺织业做出了很大的贡献。

古人极为聪慧，无师自通地用青矿做漂染剂。青矿，是一种盐铁类化合物，能将植物中的单宁酸变成黑色的单宁酸钦，然后，直接作用于丝织纤维，用水也洗不掉。

为了染色方便，周朝还有专门管理植物染料的官员。他们要负责收集染草，对染草进行浸染。他们在春天暴晒织物，使其现出原始的白色；夏天便染天地之色——黄赤色、青黑色，这在当时还是很神奇的。

战国人更爱琢磨，他们把丹朱和丹秫浸在水里，过了3个月后，用火蒸煮，然后，取其汤，浇灌原料，再次蒸煮，之后，就可以染色了。

染色很神奇，大思想家墨子看了之后，发出感慨："浸入青色的染缸，就成了青色；浸入

▼《幽风图》局部，古人在采蚕，之后便是抽丝、纺织、染色

▲《幽风图》局部，古人在染色后，进行缝制

黄色的染缸，就成了黄色；浸入不同的染缸，颜色也不同；浸入5种染缸的话，就会染出5种颜色……不仅丝绸会被染色，国家也是一样。"

另一位大思想家荀子，对染色也有细致的观察。他说："靛蓝色，是从蓼兰草中提取的，但颜色比蓼兰草更蓝。"

他还比较了紫色、青色、赭色、黑色等不同颜料的染色效果。

要发明不同的染料，就需要不同的草。官府还设立了"掌染草"这种官职，让他们征收染草，发给染坊。

《诗经》中有一句话——"缟衣茹芦"。其中的"茹芦"，就是可染绛色的草。"掌染草"们就要征收这种草。

在植物中，大多数是用来染蓝色的蓼兰草，染红色的茜草，染紫色的紫草，染黄色的栀子等。

在矿物中，赭石和朱砂，石黄和黄丹等，都能染色。

在动物中，胭脂虫、墨鱼汁等，也能染色。

古之五色，为青、赤、黄、白、黑，为本色、原色。将五色混合，就能得到多种颜色。

染色技术不断提高，织物的颜色也不断丰富。红色，有银红、水红、猩红、绛红、绛紫等；黄色，有鹅黄、菊黄、杏黄、金黄、土黄、茶褐色等；青色，有蛋青、天青、赤青、藏青等；蓝色，有翠蓝、宝蓝等；绿色，有胡绿、豆绿、叶绿、果绿、墨绿等。

汉朝的《说文解字》中，记载了39种色彩；明朝的《天工开物》中，记载了57种颜色；清朝的《雪宧绣谱》中，记载了704种色彩。

明清时，有一种胭脂绵，用红花染成，大量地输送到日本，风靡一时。

中国的植物染色法，又环保，又鲜艳，随着丝绸传遍了世界各地，产生了深远的影响。

扩展阅读

商朝，有陶制的鬲，很小，可供一人吃粥。青铜制的鼎，也用来煮粥。蒸饭的器具，叫鬲、甑。商周时，古人以粥为主，只在祭祀时蒸饭，平常日，平民很难吃到蒸饭。

◎横空出世的"军市"

商鞅是一个平民时，卫国大夫公叔痤却发现了他具有不凡的才干。公叔痤向国君推荐他。

推荐词说得惊心动魄——商鞅年轻有为，才能卓著，如果重用他，定可兴国；如果不用他，就要把他杀掉，千万不能让他投奔到别的国家；否则，其他国家崛起后，卫国就要倒霉。

国君以为公叔痤病重，胡说八道。他不当一回事儿，不觉得商鞅有什么才智。

公叔痤见国君昏聩，非常无奈。他改变了想法，让人通知商鞅，赶紧离开卫国。

商鞅料事如神，他觉得卫王轻视他，既不会重用他，也不会杀了他。所以，他没有立刻离开。

秦国位置偏僻，被众多诸侯疏远，秦孝公为奋发图强，

▼战争带来灾难，也促进了商业，图为古人作战场面

颁布召请贤人之令。商鞅听说后，这才离开卫国，投奔秦国。

商鞅第一次见秦孝公时，阐述了帝王之道。秦孝公听着听着，直打瞌睡，认为商鞅狂妄野蛮。

商鞅第二次见秦孝公，阐述了仁义之道。秦孝公责备商鞅说空话。

商鞅第三次见秦孝公，阐述了霸王之道。秦孝公来了精神，很感兴趣，听得入了迷，膝盖不自觉地向商鞅那边挪动，丝毫没有厌倦。

有人不理解，问商鞅缘故。

商鞅说，秦孝公的意图，是争取天下，所以，对耗时太久的帝王之道和仁义之道不感兴趣。

公元前359年，商鞅开始了著名的变法。其中，有一项法制，涉及了军市。

军市为军队服务，不仅出卖军人所需物品，还收购军人所卖的物品。每当战争发动前夕，军市都很热闹，将士们会将私人财物拿到军市上卖，商人则把好的饮食卖给将士们。

商鞅规定，军市中，不得有女人，以免军心不稳。

这样一来，市场中全都是男人，气势颇壮。

商鞅还规定，军市中的商人，要时刻备好铠甲及兵器，以便随时根据军队的行动提供商品。商人们很乐意，配合得很好，兴致勃勃。

不过，他们也对商鞅有意见，因为商鞅不让他们买卖粮食。

商鞅的理由是，如果买卖粮食，有人就会偷军粮，去军市卖粮；偷运军粮时，就会拖延时间；军市中就会出现不爱种地的人、游手好闲的人，他们都在游逛，就没人种地了；这样的活，国家的粮食储备就会空虚，荒地就会多了。

在商鞅心里，他其实也对商人有意见。

他认为，商人没用，白白吃饭、耗费粮食，对社会无益；商人多，粮食就少，商人少，粮食就多。

因而，他还规定，要以严厉的手段，对待贫困的商人，以免商人买卖粮食。

商鞅还不让商人贩卖华丽的东西，好玩的东西。他担心会有害社会。

商鞅的这部分措施，在一定程度上抑制了贸易发展。不过，军市仍在艰难地成长。

管理军市的官署，非常高大，可以俯瞰军市，监视军市里的人。市楼上悬着大鼓，开张和闭市都要击鼓。军市在中午开张，在黄昏时打烊；若有人在闭市后还做买卖，就是犯罪。市楼下，坐着两个人，是"市令"，也叫"市长"。

市长很牛，不仅看管军市大门，还征收市税，还管理商品的卖家，连商人的户籍也管。闲着没事时，还组织商贩扫道路，干清洁工人的活儿。

与其他贸易形式相比，军市是很受限的，在民俗商业中，只是冰山一角，但却极具特色。

扩展阅读

战国人白圭为商业鼻祖，他在谷类成熟时买粮，卖丝织品；在蚕茧收获时买丝织品，卖粮，获利巨丰。他认为，商人应"智、勇、仁、强"，此说今天仍被商界提倡。

◎变脸的"恶日"

楚怀王有一个十分信任的大夫，他就是屈原。

屈原为大辞赋家，知识渊博，见识深远，有着超强的记忆力，又擅长外交辞令。不仅为楚怀王制定政策，还常常接洽外国来使，处理与诸侯国之间的关系。楚怀王很倚仗他，委派他兼管内政、外交。

这一来，就招来了其他大夫的嫉妒。上官大夫就是其一。

上官大夫与屈原的职位相同，却得不到楚怀王如此的恩宠，所以，他从骨子里嫉恨屈原，总想寻找机会陷害屈原。

有一次，屈原奉命制定法规。上官大夫恰好看见了他的草稿，想要抢走，占为己有。屈原解释道，这只是草稿，并未最终确定，先不能给。

上官大夫以为屈原是故意不给他，更加怨恨了。

上官大夫暗地里向楚怀王进献谗言，他诋毁屈原，说屈原太能自夸了，国君让他制定法令，楚国人都知道，但他每制定出一条法令，就没完没了地炫耀、卖弄，还扬言除了他，别人都做不了，真是不应该啊！

▲制作精致的铜镂铲

楚怀王听了，很生气，对屈原有些反感。

上官大夫还不停地诽谤屈原，楚怀王渐渐地疏远了屈原。

屈原十分痛心，日夜忧虑，创作了自传体抒情诗《离骚》。"离"，意思是遭遇；"骚"，意思是忧愁；"离骚"，意思是遭遇忧愁。

尽管屈原受到排斥，但还是关心国事。

秦国想要吞并楚国，挟持楚怀王，便设下一计，约楚怀王到秦国境内和谈。楚怀王接受了邀请，想要前去。屈原识破了阴谋，火速入宫。

屈原向楚怀王进谏，说千万不能相信秦国的话，秦国兵强马壮，有如猛虎，不会言而有信，不要去见。

楚怀王不听，把屈原贬到了荒凉的汉江，自己则去了秦国。

秦国的确诡计多端，在半路设下了伏兵，等楚怀王一入武关，立刻截断了回楚国的道路，然后，将楚怀王抓捕，要他割让土地。

▲随葬到墓中的陶牛车，反映古人对农业的重视

楚怀王虽然糊涂，但宁死不肯出卖领土。最终，他死在了异国他乡。

屈原闻讯，大为悲痛，日益憔悴，面容枯槁，身材如同干树枝一样，毫无生机。

屈原万念俱灰，他边走边唱，来到江边。一个渔翁看见了他，问他为何来此。他悲痛地回答："天下一片浑浊黑暗，只有我一人清白；众人日日笙歌、夜夜长醉，只有我一人清醒；我这么与众不同，所以被放逐啦。"

渔翁说："既然全世界都浑浊，为什么你不随波逐流呢？众人都喝醉了，为什么你偏要保持清醒呢？干脆也喝几碗烈酒，大醉一场。"

屈原说："我宁愿跳入滔滔江水之中，葬身于千百条鱼腹之中，也不愿意让圣洁的品德被世间污垢所玷污！"

屈原不顾渔翁的劝说，抱着石头，自沉于汨罗江，殉了自己的理想。

从此以后，楚国日益衰落，国土一点点缩小。没过几十年，秦国就攻破了楚国，楚国灭亡了。

屈原自尽之日，是五月初五。楚国人为了纪念他的忠君爱国，将此日作为屈原的忌日。

五月初五，本是一种很小的祭祀之日。但随着世人对屈原的景仰越来越浓烈，它成长为了一个民族大节。忠君爱国的思想，也代代传承。

五月初五，在先秦时，就是一个特殊的日子。只是，它不是好日子，而是坏日子。古人认为，这一天，奸邪当道，五毒出动，危害人间，所以，这天要禁欲，并且应沐浴、斋戒。五月初五被视为"恶日"，不吉之日。

在恶日这天，古人要插菖蒲、艾叶，来驱除邪僻；要熏苍术、白芷，喝雄黄酒，来避免疫病。

为了避讳"端五"，古人又将这一天称为"端午"。

当屈原在五月初五投江后，这一天成为屈原的纪念日，渗透了文化内涵，"恶日"也因此变脸，由邪恶之日变成了吉祥之日。

端午节，为驱魔避邪，永保平安，要给小孩佩戴"长命缕"——是用5种颜色的丝线编结而成，系在小孩子的手臂上，或挂在摇篮上、门框上，以避免生病。

◀锈迹斑斑的铁制农具

端午节还有戴荷包的习俗。荷包里，装入白芷等香料，然后缝合成千奇百怪的形状，挂在胸前，香气扑鼻，不但寓意避邪驱瘟，还有点缀的美意。

唐朝的端午节，宫中还用面粉做成小圆团，做成弓弦，然后，用箭去射盘子里的面粉团。小粉团又圆滑，又小巧，很难被射中，充满娱乐性、挑战性。后来，射粉团就演变成了一种富有文化意蕴的风俗。

除此之外，还有赛龙舟。比赛时，大江两岸到处都是夫人、宫女、侍女等。她们穿戴美丽，服饰随风飘动，发饰锦簇，耀眼夺目。

但龙舟比赛耗费物力财力人力，影响农活，招致了反对声。

五代时，一个端午节，太守急催竞渡龙舟的事，甚至写公文，告诉各个县令抓紧准备。祁阳县令是萧结，他颇为愤怒，生气地在公文上批评道："秧开五叶，蚕长三眠，人皆忙迫，划甚闲船。"

意思是，庄稼正需要侍弄，桑蚕也等着料理，正是农忙时，哪有闲工夫划船！

太守看了，反省自己，深觉惭愧，下令停止端午节龙舟竞渡。

如今，往事已隐入历史深处，端午节成了世界非物质文化遗产。

扩展阅读

雨师，是掌管雨水的神。雨对农业有决定性意义，因此，古人有求雨和止雨的祭神活动。汉朝人把求雨称为"雩礼"，他们根据春夏秋冬的不同，对雩有不同的要求。

第二章
秦汉民俗趋繁丽

秦汉时期，国势强大，工商业得到快速发展。汉朝格外繁盛，生产力大幅度提高，生产出的产品五花八门，繁簇锦盛，促进了民俗现象更加精致化、丰富化。古人在满足温饱之余，在物质和精神方面又有了新的拓展，手工业因此不断壮大，使民俗文化更加繁丽。

◎寒食在冬季

晋国发生了内乱。晋献公的宠妃骊姬不安分，想立她的儿子奚齐为太子，就毒死了原来的太子。她还设计诬陷晋献公的另一个儿子重耳。

重耳没办法，只能带着几个辅臣出逃。逃到卫国的时候，有一个侍从觉得辛苦、危险，便偷光了重耳的钱粮，逃走了。

重耳没有了粮食，饿得难熬，恰巧遇到一个村人，便向对方乞讨。村人不同情他，用土块当饭戏弄了他。重耳此时可谓悲愤难忍，饥寒交迫，都快晕过去了。

随行的介子推看了，就躲到丛林里，割下了一块腿肉，采摘了野菜，一起煮熟，给重耳吃了。

重耳深深感动，许诺道，他日如果东山再起，一定好

▶《寒食归宁图》中，花树繁茂，人且行且谈

好报答介子推。

重耳在外逃亡了整整19年，终于得返晋国，继承了国君之位，史称晋文公。

晋文公早就把当年的誓言忘得一干二净。

介子推默默无言，没有要求任何赏赐，也没有一丝怨言，归隐山林了。

介子推的邻居非常气愤，看不下去了，便写了一封书，挂到了城门上。书信被辗转送到晋文公手里。晋文公大为羞惭，觉得自己实在是忘恩负义，便亲自去找介子推。

晋文公带人来到绵山，但没有找到介子推的身影。他怅然不已，黯然回宫了。

介子推的后半生，成了一个谜，无人知道。

不过，这个故事流传到汉朝时，汉朝人耿耿于怀，想要给介子推安排一个结局，便编造了下半截故事。

汉朝人改编的结局是：绵山林深树密，山谷幽邃，难以寻访。晋文公为了能够找到介子推，便让人烧山，想让介子推自己走出来。但是，大火熊熊燃烧了3天，还是人影皆无。晋文公不甘心，又叫人继续放火，又烧了3天。介子推不愿出山，紧紧地抱着树木，被烧死了。有人在枯萎的柳树下发现了他的尸体。晋文公震撼而伤心，将一截柳木折下，带回宫中，制成木屐，以便时刻提醒自己勿忘前恩。这就是"悲哉足下"的来历。"足下"这个词，最后演变成下级对上级或同辈之间的尊称。晋文公将介子推葬在了绵山，将绵山改名为介山，还规定，为了纪念介子推，冬至后的第105天不能烧火。

因为禁火，冬至后的第105天，便成为了"寒食节"。

寒食节，也被称为"禁烟节"或"冷节"。在那一天，除了不准动火外，还不准吃热食，只能吃冷的食物。

经过不断地发展，伴随寒食节，还出现了祭扫、踏青、秋千等许多风俗活动。寒食节一度成为民间的第一大祭日。

其实，寒食节既是纪念介子推的节日，也是对远古使用火的一种真实记忆。

原始时代，有一种古老的习俗——改火习俗。原始人掌握了钻木取火的技能后，在春天和冬天时，要换用不同的柴木，称为"改火"。他们把火看得很神圣，要专门祭火。周朝时，改火变成了一种礼仪。立春当天，被确定为改火换水的日子，时人会取换柴火，烧烤房子，使环境更清洁。到汉朝时，汉朝人把火与介子推联系起来，形成了寒食节的节俗。

扩展阅读

宋朝的南薰门，是专供猪走的门，常人不准走。从早到晚，每天都有万头猪经过，都是待宰的。肉铺极多，卖家根据要求切割斤两，手起刀落，分寸正好，丝毫不差。

◎送信的布谷鸟

世界上最早的一部农历书，是《夏小正》，里面有关于"鹰则为鸠"之说。

鸠，在古时为布谷鸟，被看成正月的候鸟。先秦人还把它当成春天之神句芒的化身。

秦穆公时，秦国逐渐崛起。秦穆公追戎贤能，四处招揽贤臣。他不分等级贵贱，但凡有才之士，都能得到重用。他还花了5张羊皮，把百里奚从楚国赎出来，不因为百里奚低下的奴隶身份而看不起，还委其以重任。秦穆公还懂得爱惜百姓，当他的宝马被300多个岐下野人杀掉吞吃后，他没有定他们的罪，而是不了了之了。

秦穆公的做法，使越来越多的人前来投奔。有一天，秦穆公走到宗庙附近时，看见一个人走进了庙门。他仔细看了看，吓了一跳。

但见此人长着鸟的身子，脸竟然是方形的！

秦穆公害怕极了，赶快躲到一边。

此人过来，对秦穆公说："你勿怕，天帝被你的德行感动，特派我前来赐你19年的寿命，以便让你有充足的时间，使国家更繁盛，也保佑你多子多孙。"

秦穆公倏地跪到地上，磕头道谢，并问此人的名号。

此人答道："我乃句芒。"

句芒一向被视为天神，他手里总是拿着一只圆规，负责掌管春天。

春天，万物勃发，草木生长，"句"的外形，就像刚刚萌发的草木嫩芽，弯弯叉叉的；"芒"，则表示发芽的草木上毛茸茸的小刺。句芒这两个字，都寓意着生长和发育，因此，被当成了春天和生命的象征。

句芒穿白衣，驾两龙，又是木官之神，管理神树扶桑。

▲古有"不修之过"，其一就是
交结恶友，此为《恶友图》之
一角

太阳每天早晨都要经过扶桑树，因此，太阳升起的地方、经过的地方，也由句芒管理。

芒神管理春天，管理树木，也管理谷物。他在天上，细致地安排每年的农事。百姓最喜欢他，每年春天都要祭祀他。

为了有所寄托，百姓把布谷鸟作为句芒的化身。

芒种前后，每一个清晨，在清凉的晨雾中，都能听到布谷鸟清脆的叫声。布谷鸟的叫声，是四声一度——"布谷布谷、布谷布谷"。百姓听了，就认为这是布谷鸟在送春信，催促他们"快快割麦、快快播谷"。这也是布谷鸟的得名。

春天是生长、孕育、勃发的季节，布谷鸟因此又被看作男性生育的象征。在祭祀春神句芒时，也要祈求降生男娃。

汉朝时，在中秋，老人要接受布谷鸟状的手杖。布谷鸟手杖，又叫鸠杖，持有这种手杖的人，享有尊重和特权，可任意出入官府，任意走在各种道路上，还免除租税。手杖因此也叫王杖。不管是百姓还是官吏，都不准欺侮、辱骂持有此杖的人。否则，就是大逆不道，要被公开杀头。

布谷鸟手杖的问世，与刘邦有关。

刘邦在与项羽作战时，兵败而逃跑，藏匿在一个小树丛里。项羽的追兵赶到时，刘邦很焦急，但他很幸运，正好有一只布谷鸟在他头上鸣叫。项羽见了，认为树丛中没有人，否则鸟早就惊飞了。于是，项羽撤离了。刘邦保住了性命。

刘邦开创了汉朝后，感激布谷鸟的搭救之恩，这才发明了布谷鸟杖，并在每年的正月放飞布谷鸟。

现在，在一些村子中，人们仍以布谷鸟的叫声作为春天的信号。

"一年之计在于春。"句芒成为立春民俗中最重要的角色。古人以其占卜。

占卜的结果，若句芒光着脚丫，便预示这一年多晴天；若句芒穿着鞋子，便预示这一年多雨；若句芒没戴帽子，便预示这一年温度高；若句芒戴帽子，便预示这一年会寒冷。

扩展阅读

古有5条"不修之过"：（1）交结恶徒、游手好闲之辈；（2）无所事事、玩笑过度、门庭脏乱；（3）粗野不恭，衣冠不整，或过于华丽，或不穿衣冠；（4）怠慢；（5）不安贫乐道。

◎把鬼绑起来

秦朝时，很多百姓对秦始皇的暴政非常不满。当有一颗陨星坠落在秦朝东郡时，便有人跑出来，偷偷地在陨石上刻了几个字，大意是，只要秦始皇死了，大家就有土地分了。

秦始皇得知后，勃然大怒。他派御史前往陨石坠落处，挨家挨户地排查到底是谁干的。

御史费劲儿地查了一通，没有一个人认罪，白忙活一场。

秦始皇下令，把陨石附近的人全都杀掉。

血案之后，百姓的怨愤更重了。

秋天，秦始皇的一个使者在回朝时，路经华阴平舒道。中途，突然有个人过来，拿着一块玉璧，对使者说：今年祖龙会死。

使者正待细问，那个人却很快就不见了。

使者把玉璧拿回朝廷，向秦始皇详细地讲述了一遍。

秦始皇沉默了一会儿，说，这个人估计就是山里鬼怪，只能预知一年之内发生的事儿，现在已经是秋天了，临近年关，岂会死人？这话未必准。

秦始皇还是有点儿忐忑，在退朝时，他又说道，祖龙是人的祖先。

言下之意，他不是祖龙，祖龙死不死跟他没关系。

秦始皇终究内心惧怕，此后，他反复思索，还让人仔细观察那块玉璧。结果，有人发现，这块玉璧竟然是秦始皇的旧物。

秦始皇在位第二十八年时，曾有一次渡江，把玉璧掉到了水里。

秦始皇大惊失色，急命人占卜。卦象显示，只有迁徙才能免灾。

秦始皇又命居民大迁移，凡是迁移的人家，每户都封官加爵。

秦朝人大都迷信，秦始皇也不例外。他觉得自己是被鬼缠上了，便想尽办法让自己摆脱鬼的纠缠。他把自己扮成一个平民，试图让鬼认不出来。

他风风火火地折腾了一番后，自觉心安。不久，便声势浩大地外出巡游。

就在这次巡游途中，他突然染病，不治而亡了。

秦始皇的暴毙，与流行疫病有关，与鬼牵扯不上。但

◀古有"不修之过"，其一就是交结恶友，此为《恶友图》之一角

尽管如此，时人还是认为他是被鬼索走的。

到了汉朝时，人们还是迷信鬼的存在。

为了辟邪驱鬼，汉朝人会在门上画老虎。老虎性阳刚，为百兽之王，他们认为，老虎能与邪恶之物搏斗，把鬼吃了。

他们还把虎皮煮成粥，喝到肚里，以此沾染虎气，壮大虎胆，驱退幽鬼。

除了老虎，门上还装饰桃木人，悬挂苇茭，也用以驱邪避凶。

为什么会有这些风俗呢？

还要追溯到上古时期。

东海中，有一座桃都山。山上有一棵千年桃树，高大无比，枝叶茂密。在树顶上，有一只金鸡。桃树的东北方向，有个门，门里住着妖魔鬼怪。每当金鸡鸣叫的时候，鬼魂们就必须回到窝里。在鬼神居住的门旁，有两个神将把守，名叫神荼、郁垒。如果鬼魂夜游时，干了坏事，这两兄弟就会把鬼绑起来，送去喂老虎。

由此，桃木、神荼、郁垒就成了古人的护身符。到了除夕，古人就用桃木刻成神荼和郁垒的样子，也有人在桃木上刻两兄弟的名字，然后，挂在门前。这种桃木板，称为"桃符"。

桃木有一个绰号，叫"鬼怖木"，也就是鬼害怕的木头。

古人还会在门上面悬挂绳索，以方便郁垒和神荼用来捆绑鬼。这就是悬苇的由来了。

扩展阅读

世界上最早从事手工艺劳动的人，是舜。舜居住在河滨时，制作了陶器。舜在成为君主之前，担任过"十二牧"的官职，掌管十二州的工艺生产，促进了民俗发展。

◎ 望气的厉害

"望气"，一个美丽而神秘的词。它是什么意思呢？

望气，是风水学中的术语。气，是指人的穴位中有气。穴气若光明，便预示兴盛；穴气若黯淡，便预示败落；穴气若为红色，便预示富有；穴气若为黑色，便预示灾祸；穴气若为紫色，便预示尊贵。

怎么才能看到穴气呢？

就是观察人的周身，看是否有云气环绕；若有，便表示，此人将有大作为；若无，便表示，此人为庸碌之辈。

江湖术士有望气的本领，这是一种迷信，却被术士们搞得风生水起。

秦始皇时期，有一个术士一本正经地打小报告，说他在望气时，望到东南方出现了天子的云气。

秦始皇一听，这还了得！莫非有人想夺权篡位？

于是，秦始皇御驾东征，想要亲自压制这股天子之气。

那么，是谁在东南方呢？

答案是：刘邦。

刘邦在那里聚集人马，确有反秦之心，但尚未显露。秦始皇提防一切有武力的集团，因此，对刘邦虎视眈眈，借着望气之说，前往攻袭。

刘邦实力不足，便过起了逃亡的生活，避开秦始皇的锋芒。

不过，不论他藏到哪里、怎么藏身，他的妻子总能不费力气地找到他。刘邦非常奇怪，把疑惑向妻子说了。

妻子说："你的头顶上有祥云环绕，我会望气，能通过祥云判断你在什么地方。"

这话，真假难辨，不知道是不是在哄刘邦开心。但它却反映出，望气无所不在。

就连项羽的谋士范增，也认为刘邦笼罩着特殊的云气，日后必成大器。

他对项羽说："刘邦身上的气，都是龙虎之气，呈五彩，绚烂缤纷，乃天子气象。你还不快点儿攻打他，把他灭掉，免得以后成大患。"

这种望气说，让项羽也对刘邦猛追狠打起来。

不过，刘邦后来还是开创了汉朝，成为了天子。

但这并不表明，望气很精准。望气并不科学。刘邦之所以屡次被认为有天子之气，是因为他气势夺人，气质非凡，能够打动人心；加之他的举措、言行，都非同凡响，这都造成了他的强大气场，使他极富感染力，给人留下了深刻印象。

汉朝时，望气事件更多，主要发生在汉武帝身上。

汉武帝经常派望气者查看，哪里冒出了天子之气，以便镇压。望气者非常吃香。他们还借望气之便，行谄媚之事，不仅能望天子之气，还能望美女之气。

有一次，汉武帝外出狩猎。路过一个地方时，望气者为向汉武帝进献美女，讨好汉武帝，便说，这个地方云气

▶古代重男轻女，对男婴极为重视，此为《浴婴图》

缭绕，定有奇女子。

汉武帝贪恋美色，大喜，派人查探。

在望气者的引导下，不到一会儿，就找到了一个漂亮女子。

汉武帝感叹不已，认为这是上天安排此女在此等候他。他把女子带入宫廷，封为钩弋夫人。

汉武帝对望气的倚赖令人吃惊。

丞相田蚡在黄河以北占据了大量土地，当黄河决堤后，河水破堤而出，滔滔往南奔腾。田蚡自私、残忍，他觉得黄河决堤是件好事，因为河水南流，恰好可以让他的土地远离水患了。他为避免皇帝修堤，便设下计谋，让几个望气者说，这是天意使然。

汉武帝一点儿也不怀疑，没有去修堤。结果，许多百姓的土地、房屋被冲走。

汉武帝时，最重大的望气事件，发生在公元前91年。

其时，朝廷发生了政变，汉武帝的嫡系重孙刘病已刚刚出生，就受到一个案件的牵连，被打入了大牢。

大臣邴吉负责调查此案。他知道，婴儿刘病已无辜，与案件毫无关系。他心里可怜这个婴儿，便让狱中一个女囚照顾刘病已，给刘病已哺乳。

刘病已家族的政敌，想要斩草除根，便让人以望气为由，制造事端。

正巧，汉武帝生病了，在五柞宫休养。那个望气的人，便对汉武帝说，长安的监狱里有天子之气。

汉武帝惊悚，命使者前往监狱，将狱中人全部处死。

汉武帝的使者连夜来到监狱，邴吉叫人紧闭监狱大门，不让使者进来。

使者掏出圣旨，说明来意。

邴吉依旧不开门，说道："皇重孙在此。普通人尚且不能随便诛杀，何况皇上的亲曾孙？"

使者听了，也很犹豫，担心汉武帝日后后悔，杀他撒气，便转身回去了。

汉武帝这个时候也冷静下来了，说："这是天意啊。"他宣布大赦天下，把刘病已也放了，被民间收养。

刘病已17岁时，被从民间迎回皇宫，登基做了皇帝。他因为在襁褓中就身陷囹圄，又常年流落民间，深知百姓疾苦，在继位后，施行仁政，颇得民望。

扩展阅读

汉朝，若生男孩，便放床上，给他玩美玉，寓意将来成栋梁；若生女孩，便放地上，给她玩瓦片，寓意将来善持家。男尊女卑就此出现。班昭又写《女诫》，使此风更盛。

◎太后从事手工业

薄姬来自苏州，是刘邦的姬妾。她的姿色很美，但刘邦对她不很注意。她入宫一年多，都没有见过刘邦。

薄姬有两个朋友，一个是管夫人，另一个是赵子儿。她们关系亲密，还立下了誓言：如果以后三人中有谁最先富贵，就要提携其他两个人，有福同享。

然而，当管夫人和赵子儿受到刘邦的宠幸后，她们却把当初的誓言当成一个笑话，以此来嘲笑薄姬。

刘邦无意之间听到这件事，对薄姬心生怜悯，颇是同情，便召薄姬入内。

但刘邦并没有喜欢上薄姬，很快便将她冷落到一旁。当薄姬为刘邦生下一子后，还是不得爱幸，常年离群索居。

薄姬独自一人抚养儿子，饱受欺辱和漠视。她因为自己的状况不好，便养成了处事谨慎、凡事忍让的习惯。就连宫女，她都礼遇，不敢得罪。

薄姬置身皇宫，却处境艰难，日子极苦。她没有豪华的宫殿，也没有可口的饭菜，栖身在丝织作坊，依靠纺织维持生存。

▼《纺车图》中，妇人怀抱婴儿织布，身后小儿拴只青蛙玩耍

纺织业在汉朝已经非常发达。几乎每个女子都会纺织。皇后和命妇，也要参与纺织。每年的4月，皇后、公主们、高官和王侯的妻子们，都要进行"亲蚕礼"。皇后率领她们祭拜蚕神嫘祖，并采桑喂蚕，以鼓励国人勤于纺织。这表达了朝廷对农业的重视。这种礼仪，还界定了

男耕女织的格局。

不过，无论是皇后，还是嫔妃、公主，或是命妇，她们的纺织，都是象征性的，都是做做样子。而薄姬，却是实打实地在织布。

她身为皇室成员，却干着和奴隶一样的活儿。吕皇后把一切都看在眼里了。

刘邦病逝时，大权握在吕后的手中。吕后残忍地报复了刘邦的宠妃，唯独没有报复薄姬，反而对她的态度十分公正。吕后还把薄姬送往其子的封国，尊称她为"代王太后"。这样一来，薄姬就成为一人之下、万人之上的贵妇。当她的儿子当上了皇帝后，她又成为了皇太后。

这位曾经依靠纺织艰难度日的太后，没有忘记昔日之苦，对纺织饱含深情。汉朝的纺织业也在迅猛发展。

其实，不仅皇家重视纺织业，民间也是如此。

《史记》的作者司马迁说，如果想摆脱贫穷，与其从事农耕，还不如做点儿小生意。

司马迁的意思是，手工业和商业，是贫者致富的一条途径。

纺织，是手工业的一种。此外，骨角制造、陶器制造、冶炼、制茶、酿酒等，也都属于手工业。

汉朝有官营手工业、私营手工业、家庭手工业等。

薄太后时期，手工业队伍极其庞大，手工业者多如江鲫，手工业日渐发达起来。

扩展阅读

北斗星又叫"杓星"，古人最早熟悉它，远古就有了祭北斗之俗。原始人以北斗星的位置确定季节变化，由此赋予北斗以神性，认为北斗主宰气候、农事和人类命运。

◎开放的恋爱

古代并不总是封闭自守的，相反，在某些方面，却是颇为开放的。

汉朝女子在婚恋方面，就享有相对的自由，并不为贞节观所束缚。

陈平是汉朝的开国功臣，官拜丞相。历史上著名的反间计和离间计，都是他想出来的。他在年轻时，喜欢一个女子。不过，这个女子先后嫁了5个丈夫，5个丈夫都死了。陈平不管这些，前去求婚，娶了她。

汉魏时，朝廷需要抗击匈奴，需要进行兼并战，而打仗需要大量兵员。因此，朝廷还支持寡妇再嫁，甚至还会强制寡妇改嫁，鼓励生育，以便储备人员。

甚至出现了这样的风气——若有寡妇独居在家，是要被排挤的。一些寡妇若缅怀前夫，不愿再嫁，还要受到谴责，被人说风凉话。

刘兰芝是一个才女，能书善画，识音知乐。17岁时，她嫁给了小吏焦仲卿。他们相互倾慕，非常恩爱。但焦仲卿的母亲却看不惯刘兰芝，要求焦仲卿把刘兰芝休掉。

焦仲卿不肯。他母亲便以死相逼。焦仲卿无法，只得把刘兰芝送回家。

在路上，焦仲卿和刘兰芝发誓，彼此绝不辜负，永远都不变心。

刘兰芝回娘家后，家里人不愿意有寡妇住在家里，便要她嫁给一个太守的儿子。

刘兰芝不嫁。她的哥哥蛮横地逼迫她，硬要她改嫁。

刘兰芝宁死不从，投河自尽了。焦仲卿闻讯，心如刀绞，也上吊死了。

这是因改嫁引发的悲剧。从中可以看出，改嫁很普遍，离婚也很常见。而且，再婚也不受人鄙视。

东汉有个人，名叫黄允。他才华横溢，人品却很差，有才没德。司徒看重了他的才华，想把侄女嫁给他。司徒位同丞相，与这样大的人物攀亲，黄允求之不得。

黄允已有妻室，他想抛弃糟糠之妻夏侯氏。夏侯氏了解黄允自私自利，料定他不会改变主意，便答应了黄允的离婚要求。但她有个条件，要求黄允在自己离开之前，举行一个告别宴。黄允同意了。

宴会如期举行，很多人前来参加。夏侯氏突然站起来，当着众人的面，指斥了黄允所做的15件见不得人的事。

众人哗然。

黄允的名声彻底毁坏了，司徒也不把侄女嫁给他了。

▲春秋战国就有了稻，图为成熟的稻禾

这是发生在东汉末年的事儿，表明离婚并不罕见；也表明，女子的地位并没有像后世那样低下，在婚姻中，她们享有一定的自主权。

甚至还有女方提出离婚的事件。

文人朱买臣在发达之前，家里贫穷，依靠砍柴卖柴为生。他的妻子过了一段苦日子后，深觉煎熬，便提出要离婚。

朱买臣挽留妻子，说等到他富贵的时候，一定会好好报答妻子。

妻子怒道："你都快饿死了，还谈何富贵？可笑！"

妻子执意跟他离婚，之后，嫁给了一个田夫。

朱买臣经过多年苦读，终于时来运转，被推荐入朝，

面见皇帝。他在皇帝面前大谈治国方略，让皇帝颇为赞赏，任命他为太守。

朱买臣衣锦还乡。巧的是，在路上，正好碰到了他的前妻和她的丈夫。

朱买臣命人把他们接到府中居住。

过了一个多月，他的前妻羞愧不堪，上吊自杀了。

扩展阅读

西周时，主要的粮食作物基本定型，有禾、麻、菽、麦、苴、黍、稷、稻、粱等。春秋战国时，粮食作物的性质被深刻认识，有"五谷"之说。五谷即黍、稷、菽、麦、稻。

◎地也有脉搏

祭祀之风，在古代，刮得最猛烈。上到皇帝，下到黎民，人人都祭祀。

其中，闹出最大动静的祭祀，莫过于"泰山封禅"。

泰山封禅，就是皇帝亲自到泰山，先拜祭上天，为"封"，再拜祭大地，为"禅"。伏羲、神农、炎帝、黄帝、颛顼、帝喾、尧、舜、禹、汤、周成王等，都到泰山祭祀过。

泰山巍峨高耸，皇帝们不远万里跑到泰山祭祀，是表明，连天地都承认自己的地位，以此强化统治。

秦始皇开创秦朝后，就跑到泰山去了。他煞有介事地祭祀过后，返回时，倒霉地碰到了坏天气，风雨交加，豆大的雨点刷刷落在林中。秦始皇寸步难行，只好找到一棵大树，在树叶下避雨。

秦始皇躲在茂密的叶片中，样子很狼狈。可是，他心里很高兴。他行过了祭祀礼，就好像天也有了呼吸，地也有了脉搏，能够与他发生感应，支持他的统治。

汉朝取代秦朝后，物是人非，去泰山祭祀的风俗，却

►牛在古代极受重视，图为《五牛图》局部，牛干净而美丽

依旧存在。

汉武帝极想去泰山，但他还很年轻，政权掌握在太后的手中，他做不得主，只得罢了。

等到汉武帝掌握实权后，又嚷着去泰山。大臣们不让他去，理由是，不知道拜祭的礼仪，去了会很尴尬。

汉武帝不怕尴尬，还是要去。

这当口，汉武帝得到了一个鼎，鼎有三足、两耳。鼎是炊具，也是容器，更是礼器。商周时，鼎是大型祭祀活动的"一号主角"。帝王、诸侯、大夫等人的用鼎数量、尺寸，都有严格规定。鼎在上古时，还是一种刑具，用于煮人，体现出当权者手握生杀大权。鼎也是国富民强的象征。

正因如此，汉武帝特别开心，为鼎起名为"元鼎"。这也更促使他想去泰山祭祀了。

是年3月间，他不顾群臣拦阻，兴冲冲地奔泰山去了。

到了泰山之后，他一瞧，心凉了半截。山上丛林茂密，杂草横生，没有道路。

汉武帝不泄气，让人修路，自己先去东海巡行。

等到4月份，草长莺飞，他又跑回来了。道路已修好，他打算上山。群臣还是劝阻，争论祭祀的程序。

汉武帝生了气，像赌气似的把大臣们扔在一边，干脆

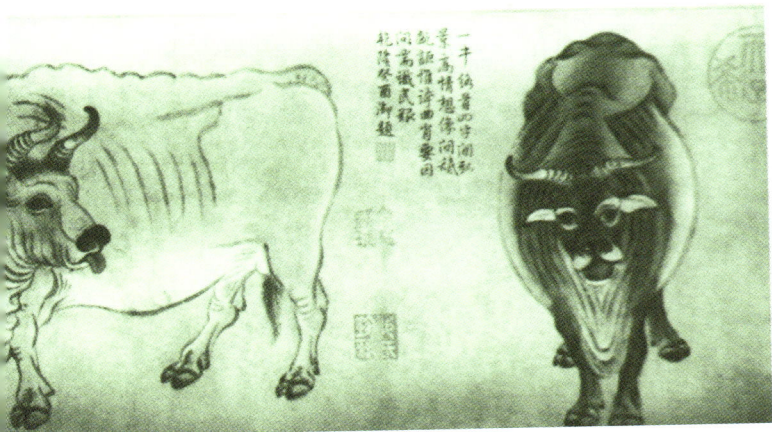

◀《五牛图》局部

自己跑山上去了，还不许人跟着。

大臣们留在原地，不知汉武帝会在山上干什么。他们苦等着，看到汉武帝下山后，也不敢问。一场祭祀就这样完结了。

《史记》的作者司马迁认为，只有那些有丰功伟绩的帝王，才有资格去泰山祭拜天地。他认为，秦始皇和汉武帝，不够格，没有资格去祭祀；所以，他们才遭遇了不好的事情，比如秦始皇挨了雨浇，汉武帝一个人鬼祟地祭祀。

尽管如此，汉武帝仿佛对泰山祭祀着了魔。汉朝的首都长安，与泰山的距离，远隔千山万水。可汉武帝却在22年中，先后去了8次，累得够呛，却乐此不疲。他平均不到3年就去祭祀一次，空前勤快。这说明了，祭祀对于古人的重要性。

不过，这种祭祀，只有帝王才可以进行。若有百姓去祭祀，就是冒犯，就是犯罪，就是僭越，就是试图谋反，要被通缉、抓捕、杀掉。

百姓只可以祭祀家乡的小山头，但也不可奢侈，否则，也会被认为居心叵测。

这种对于祭祀的规定，让土地也有了"贵贱"之分，不是随便什么人想祭祀就可以的。

扩展阅读

汉朝对牛保护极严格。耕牛的腰围若减瘦1寸，就要打主事者10板子；若有谁偷牛、杀牛，就获死罪。有一村民，父病重，他杀牛祈祷，被告发后杀掉，暴尸街头。

◎迷信的庄严前身

著名思想家董仲舒，在汉景帝时担任博士。

博士，不等同于现在的学历，而是一种官职。秦朝的博士中有一些拍马屁之辈。汉朝的博士，倒很专注学术，只是皇帝们更注重武将，对博士之类的文官很忽视。

在汉景帝看来，博士就是一个摆设，一个闲职，除了领俸禄，其他什么用都没有，是个白吃饱。

窦太后对博士们，更没好感。

窦太后喜欢读老子的书籍，若有人违背她的癖好，触犯她的忌讳，她就会发怒，做出极端的举动。辕固生是个博士，窦太后突发奇想，召他入宫，问他，老子的学说怎么样？辕固生很实在，不知拐弯抹角，直截了当地说，老子很俗，他的书毫无营养。窦太后气得变了脸色，把辕固生怒骂了一顿，命辕固生赤手空拳去跟野猪搏斗。

所幸汉景帝看他可怜，偷偷给他一把短剑防身，不然他的小命肯定不保了。

辕固生的遭遇，让博士们心惊胆战，生怕厄运会降临到自己头上。他们纷纷告老还乡，把博士的职位辞掉了。

董仲舒也知难而退。他想，这个时候勉强当博士，没好果子吃。

董仲舒隐退后，并没闲着，而是广招门徒，推行儒学，以便东山再起。

机会总是偏爱有准备的人，当汉武帝即位后，他的开放姿态给儒学带来了曙光。董仲舒抓住千载难逢的机会，喊出了"罢黜百家、独尊儒术"的口号。

汉武帝野心勃勃，深谋远虑，认识到了儒学对于巩固统治的重要性，便予以支持，对董仲舒以礼相待。

董仲舒的学说认为，凡事都要讲究一个礼，长幼尊卑，

▲图中表现了涅槃升天的幻想，渗透着迷信思想

纲常伦理，必须遵守；皇帝是天之骄子，是上天派下来治理天下的，人人都要听命于天子；大臣要遵从皇帝，儿子要遵从父亲，妻子要遵从丈夫，这是上天安排好的关系，不得逾越、破坏。

董仲舒的这种天人感应说，宣扬了皇帝的绝对权威，是用来愚民的极好工具，正中汉武帝下怀。汉武帝不遗余力地支持董仲舒和他的学说。

董仲舒对巩固汉朝统治，延续儒家文化，做出了贡献。但是，他的庄严的学说，也带来了负面影响。随着儒学地位的提高，谶纬文化随之产生，儒学被神圣化、神秘化，更大程度地引发了对天的敬畏恐惧，导致产生了迷信。

谶纬，是一种对未来、未知的预测。

"谶"，是用诡秘的隐语，传达某种预测信息。

"纬"，是对天书和经书的解释。

谶纬，就是指，万物苍生都遵循上天的安排而出现，有规律可循；所以，兴衰祸福都是天注定的，都可以预测出来。

谶纬的天命思想，顺应了统治阶层的愿望。汉武帝为了统治民众，需要有一种思想武器来对民众洗脑，谶纬就成了一种重要的政治工具。

谶纬学说在一时之间，成了主宰学说，学术中的头牌，被皇帝推崇。在百姓眼里，它便更加神秘莫测，不可冒犯了。

百姓的思想，发生了巨大的改变。谶纬思想在被极度神化后，变成了迷信。

直到现在，一些迷信思想仍然流行。人们去神庙供奉、膜拜，祈求保护、顺利，就是这种思想的体现。这种负面作用，恐怕是董仲舒没有想到的。

不过，董仲舒本人一度也喜欢故弄玄虚，谈论不可思议的事情。

有一天，宫中的高园殿遭遇了大火，没查到原因。董仲舒的好奇心被激起了，他觉得很蹊跷，非常热衷，写了一篇文章，说大火可能预示着某些事。

他只是草拟了一文，没有给汉武帝看。主父偃却偶然看到了。主父偃是董仲舒的死对头，他连忙派人将草稿偷出来，拿给汉武帝看。

文中有隐语，汉武帝一时没弄明白，把草稿给文官们传阅。文官们一下子看出了问题，董仲舒在草稿中写了嘲讽朝政的话。

汉武帝顿时大怒，痛斥董仲舒，把董仲舒打入大牢，听候发落。

汉武帝冷静下来后，寻思着，董仲舒毕竟是儒学大家，又通晓经学，是个难得的人才，杀之可惜。于是，便赦免了董仲舒的罪。

董仲舒学乖了，从此以后，再也没有写过关于灾异的文章。

扩展阅读

堪舆之风，在汉朝也很盛行。术士魏鲜有一套占风的方术：在一年的腊日和正月初一凌晨，观察风、日、云、雨等，预测一年的旱涝收成。若此日有雨雪，便是最差的征兆。

◎巫从哪里来

窦皇后是汉文帝的正妻，但她幼时，家境贫寒。

窦广国小的时候，不幸被人贩子掳了去，卖给了富户，当家奴使唤。

一日，他请人为自己占卜。那人告诉他，他将来会被封为诸侯。他很开心。

过了几年，机缘巧合，他到了都城长安。偶然间，他听城里的人说，汉文帝的皇后也姓窦。他一听，窦皇后与自己同姓，又与自己是同乡，马上就想起了他有个亲生姐姐。

窦广国心急如焚，辗转托人将自己的情况传入宫中，向窦皇后禀报。窦皇后又惊又喜，召见窦广国。经过问询和验证，她最后发现，窦

▲算卦占卜用的古钱币

广国果真是她的亲弟弟。她喜极而泣，诉于皇帝，封窦广国为诸侯。

窦广国的遭际，恰好符合卜筮的结果。汉朝还有一个特殊人物的命运，也与卜筮有关。

这是一个王姓妇人。她的母亲用卜筮来预测她的命运，卜筮结果显示，她是大富大贵的命。她本已出嫁，婆家是一个普通人家；她还生了孩子。但她母亲不甘心，让她离开了婆家，抛弃了丈夫和孩子，进入了宫廷。

不久，她就嫁给了汉景帝，成了王皇后，又生下一子，即未来的汉武帝。

她的命运，极具戏剧性，让无数人羡慕；而卜筮，也越发流行了。

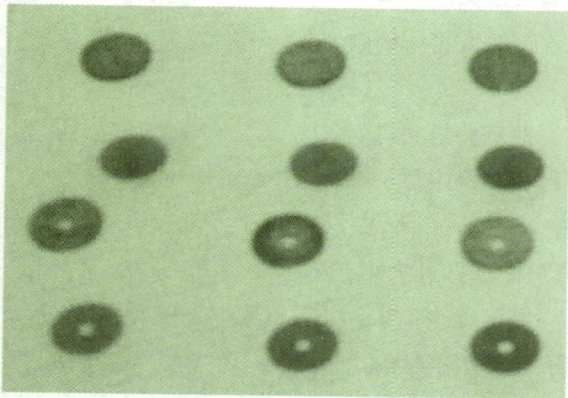

卜筮是什么呢?

它是巫术的一种。

"巫",在先秦时,也叫"祝",也叫"史"。编写祝词的人,就是"祝";记录文案的人,就是"史"。无论是祝或史,都负责在祭祀时,与鬼神交流。所以,他们都有"巫"的本质,既可以叫巫史、巫祝,也可以叫祝史等。他们行使巫术的方式,不仅包括卜筮,还包括占蓍、占梦、占龟、占星等。

汉朝的太史令,是主掌天文的官,也承担卜筮的任务。

巫术,备受依赖。无论是打仗、盟誓、嫁女、殡丧、升职、处理事务等,都要进行巫术预测。

到了三国时,这种风气仍旧盛行。

杨仪是蜀国大臣。他颇为清高,自认为有功,可代替诸葛亮管理政事。为此,他专门做了一次巫卜。

他得到的结果是——"家人"。

他没言语,也没有表情。不过,他虽然表面上云淡风轻,内心却十分不悦。因为"家人"的意思是,还需要提高内心修为,需要顺从忠贞。

这个结果,与他所祈求的完全不同,所以,他很不开心。

巫卜的手法,有无数种。百姓最爱用烧鬼和易数的方法。也有的人用鸡骨、虎骨、棋子、牛蹄等物进行预测,千奇百怪。

扩展阅读

历史上第一个巫师,第一个星相学家,是商朝人巫咸。他是宫廷的首席巫师。周朝取代商朝之后,名叫史佚的史官,被封为宫廷巫师。这是一种升职,因为他要负责和天神交流。

◎ 巫蛊的毒

夏7月，汉武帝召见江充，让他去处理巫蛊案。

江充的官职是，绣衣直指使者兼水衡都尉。绣衣直指使者的来头不小，它等同于侍御史，地位特殊。汉武帝钦赐予他，他得意洋洋，穿着花团锦簇的制服，督管群臣。

这天，汉武帝告诉他，宫廷里有蛊气，自己生病就因为这股蛊气，他要去彻查清楚谁是制蛊者。

此时的汉武帝，已经66岁，身体自然虚弱。不过汉武帝不信服自然规律，总认定有人想置他于死地。于是，他让江充快点儿投入调查。

实际上，此事背后，另有玄机。

3年前，汉武帝宠幸钩弋夫人。钩弋夫人诞下一个男婴，名刘弗陵。汉武帝龙颜大悦，想要废掉太子刘据，另立刘弗陵为太子。但太子刘据毫无过错。刘据性格温和，行事谨慎，不喜残杀，这不符合汉武帝的尚武精神。汉武帝崇尚严治，所以，他对刘据很不喜欢。朝廷分为两派，一派拥护太子刘据，一派拥护汉武帝。刘据的生母，是皇后卫子夫。卫子夫的弟弟，是名震天下的大将军卫青；她的侄子，是骠骑将军霍去病。二人都是抗击匈奴的功臣，称为"帝国双璧"。不过，他们都已去世，卫子夫也年纪大了，尽管处处谦和忍让，也无法再引起汉武帝的重视。汉武帝想借着巫蛊事件，打击太子集团。

江充接旨后，也很想使坏，干掉太子刘据，因为以前他得罪过刘据，他担心刘据若继承皇位，会查办他。

江充带着一大堆部下，闯到了后宫。在此之前，他已经悄悄派人在后宫的地下埋入了巫偶。因此，他一到后宫，就命人四处翻动、挖掘，肆意冲撞，惊得后宫人心惶惶。

江充把许多无辜的人，都诬陷为实施巫蛊的人，给他们强加上陷害皇帝的罪名，把他们抓起来，使用酷刑，逼迫他们认罪。

结果，他一共抓了好几百人，有100多人被杀了。

就连不受宠的妃嫔，也遭到了搜查。皇后的宫殿，自然也被搜查了。

最后，江充又带人闯入太子的宫殿，挖出了事先埋藏好的巫蛊娃娃。

大难来临，太子刘据顾不得其他，匆忙前往皇后那里商量。汉武帝正在甘泉宫养病，母子两人便命人去求见汉武帝。派去的人，一拨又一拨赶去，求见了无数次，但因江充的阻挠，根本见不到汉武帝的面。

太子刘据大为慌张，决心亲自前往甘泉宫，找汉武帝陈情、求救。

但是，当刘据准备起行时，江充又令人大肆搜查宫殿，造成凌乱不堪，满目狼藉，就连一张床榻也歪歪斜斜，无处存放。

刘据心头火起，再也忍耐不住，拿起剑把江充的一个部下杀死了。

有一御史，与江充共同查案。此人极富心计，看到此状，偷偷溜走，奔到了甘泉宫，在汉武帝面前添油加醋，指斥太子。

汉武帝震怒，下令诛杀太子刘据。

刘据无奈，只得尽力防卫。

在这场战争中，有无数无辜的人丧命。

刘据败下阵来，绝望中，自尽了。

皇后卫子夫闻讯，悲痛难当，也自己了结了性命。

此后的几年，但凡和太子有些牵连的人，都惨遭杀戮。

太子集团分崩离析了，汉武帝和江充

▼佛教自汉朝传入，此后大兴，图为石刻菩萨，沉静闲雅

的目的，都达到了。

这起因巫蛊而引发的悲剧，是历史上一桩大事，影响极大，波及甚广。

那么，什么是巫蛊呢？

巫蛊，是一种装神弄鬼的方式，是一种巫术手段。

巫蛊中最常用的道具，就是人偶。人偶一般用桐木制作；人偶的正面，贴着纸条；纸条上，写着诅咒对象的姓名、出生日期；然后，对着人偶念咒语；将人偶埋在诅咒对象的居所内，最好藏在枕头、被褥中。之所以这样做，是因为古人相信，通过这样的方式，被诅咒对象的魂魄会受到损伤，并最终死去。

▲图中鬼怪骑着毒蛇，模样狰狞

巫蛊常被用于上流社会的勾心斗角中，在政治斗争中，在后宫的博弈中，最常发生。

而最频繁的巫蛊事件，就发生在汉武帝时期。早在粉碎太子集团之前，宫中就发生了一起巫蛊事件。但行巫的人，不是汉武帝，而是陈阿娇。

陈阿娇是汉武帝的第一任皇后。她膝下无子，脾气又坏，逐渐失去了汉武帝的宠爱。汉武帝把心思都转移到卫子夫身上。陈阿娇心生妒忌，想要加害卫子夫。她使用的手段，就是巫蛊。

陈阿娇试图通过巫蛊，咒死卫子夫。但不慎事发。汉武帝大怒，把陈阿娇的皇后之位废掉了，牵连了300多人，都被杀死。

接替陈阿娇的皇后之位的，就是卫子夫。而卫子夫最终也死于巫蛊事件。

巫蛊的形式，多种多样。巫蛊的蛊毒，也花样百出，有蛇毒、金蚕毒、蜈蚣毒、蛤蟆毒等。若是物种罕见，毒性更大，更适合做蛊毒。

这些生物，稍稍利用一下，就能置人于死地。所以，在民间，有一些巫家，专门驯养这些毒物。

宋朝时，制蛊毒的人更多了。有一个人叫程彬，他用泥土把死蛇埋上，又在泥土上铺席子，定时浇水；久而久之，泥土里就长出了菌菇；将菌菇摘下，晒干，混入药材中，就成了蛊毒。

程彬为了试验蛊毒的毒性，先熬了药，给青蛙灌进去。然后，他目不转睛地看青蛙的跳动频率，了解毒性。

这个方法，是他独创的。所以，他把蛊毒卖出去后，换了很多金钱。

扩展阅读

佛教在汉朝传入中国，在南北朝大行其道。译佛经、修建寺、凿石窟，佛号喧天。唐朝诗人杜牧以"南朝四百八十寺，多少楼台烟雨中"之句，描述了佛教的盛况。

◎ 从结发到结心

李延年在宫中任职，善于歌舞。有一天，他创作了一首新曲，唱给汉武帝听。

歌词美艳动人——"北方有佳人，绝世而独立，一顾倾人城，再顾倾人国。宁不知倾城与倾国，佳人难再得！"

李延年作为大音乐家，对中国音乐史的发展，居功至伟；对汉朝音乐的形成，贡献卓著。他的作词、作曲和歌声，都格外高妙，极富感染力。

汉武帝听了，心猿意马，非常惆怅，被歌中的女子深深吸引了。

▼古代绣花盖头，十分奇特，为蓝色

他多愁善感地说，世间要是有这样的女子，那该多好啊。

汉武帝的姐姐正巧在旁，便告诉汉武帝，李延年的妹妹，与歌中人一样。

汉武帝心花怒放，召李延年的妹妹入宫，果然美丽非凡。

汉武帝纳她为妃，封她为李夫人，还举行了一个结发仪式。

汉朝女子在订婚后，举行笄礼，会用丝缨束发，表示已有归属，旁人不要再生事端。在新婚之夜，丈夫要解开女子发上的丝缨。后来，仪式发生了改变，要事先从丈夫头上取一缕头发，待新婚之夜，由女子把自己的头发与丈夫的那缕头发梳在一起，表示"同心"。

这个过程，就是结发。

结发之妻，也由此而来。

由结发而结心，是恩爱的表现。汉

乐府中有诗曰："结发为夫妻，恩爱两不疑……生当复来归，死当长相思。"

古人对结发很重视，以此期待永结同心，永不相离，坚贞不渝。

不过，汉武帝和李夫人虽有结发之仪，但两个人在一起的时间并不久。李夫人自幼多病，虚弱不堪，没几年就到了奄奄一息的地步了。汉武帝几次到李夫人宫中探望，李夫人都用被角蒙着头，不让汉武帝看她的容颜。汉武帝偏要看，去掀被角，李夫人便转身向里躺着，硬是不见。汉武帝感觉扫兴，不高兴地拂袖而去。宫女不解，问李夫人为何如此。李夫人答，若让皇帝见她病容憔悴、苍老，会破坏以前的印象，甚至惊吓皇帝，皇帝就不会在她死后善待她的家人了。

李夫人是有先见的。在她死后，汉武帝对她的印象，一直是风华绝代，还为她画了一幅像，挂在甘泉宫。

李夫人的蒙头之举，还演化成了一种风俗——新娘子要蒙盖头。

扩展阅读

汉魏时的节日饮食，基本确定了中国节日饮食的习俗。春季节日的饮食，以助生为主，如春韭配鸡蛋。韭在正月最先萌芽，卵也为生命之源，吃韭菜鸡蛋，表示顺应时气。

◎影儿里的人生

汉武帝的妃子李夫人死后，汉武帝整天思念，忧郁恍惚，疏忽了政事。

大臣李少翁看在眼里，总想替皇帝开解愁闷。这一天，李少翁下朝回家，在小巷中，他偶然看到，有一些小孩拿着布娃娃戏耍。布娃娃的影子映在地上，活灵活现，栩栩如生，有如真娃娃。

李少翁心下一动，他想，可以用棉布剪成李夫人的模样，涂上颜色，用木杆支撑偶人的手脚，就能活动了。

他激动起来，回家后，令人即刻把他的想法落实了。

然后，他去见汉武帝。入夜，他点燃灯烛，把人偶放在帷帐后，模仿李夫人生前的模样，做各种动作。汉武帝坐在帐内，看到活脱脱的李夫人的样子，又惊讶，又高兴，流连不已。

这就是皮影的起源。

皮影，是用薄皮制成人物形状，利用灯光的照射，投影在帷帐上；再用手控制着影像，进行表演。皮影戏是傀儡戏的一种，又叫"影子戏"、"灯影戏"。

制作皮影的材料，有牛皮、驴皮、骡子皮、羊皮等，以驴皮居多，所以，也叫"驴皮影"。

皮影的制作过程，显得有些残忍，要将羊驴等剥皮；之后，加入药物，使动物皮变薄，变透明；再涂上桐油，进行裁剪、涂色。

皮影所涂的颜色，多从紫铜、银朱等物中提炼而来。涂色时，要用几个架子搭一个灯架，上面有一口锅；把颜料放在锅里面，再把皮胶放进去；然后，点上灯，对锅加热；颜料煮糊后，就可涂色了。红、绿、黄等五彩缤纷、精致交错。

涂完颜色后，还要给皮影脱水，使颜色渗进去。方法是：将皮影压在炕席下面，炕要热以便干燥；还可以用土石垒成一个小灶，把皮影放在小灶上，压平，灶下用柴火灼烧。

古代没有电视、电影，娱乐方式单一，所以，皮影戏深受欢迎。到了元朝时，还是繁盛不衰。

元朝人向海外进行军事扩张，还增加与各国的交往，皮影也随之传播到多个国家。外国人称其为"中国影灯"。

扩展阅读

古代的技术传承，依靠言传身教。在传承中，也形成一些民俗。如拜师，需有人介绍，签下契约，一切要听师傅的话，生死无怨；还要交"入门费"，即"敬神钱"。

◎放羊与基因的关系

卜式老实忠厚，以养牲畜和种田为生计。他的弟弟长大成人后，他和弟弟分家，把所有值钱的东西，都给了弟弟，自己只要了羊。

卜式勤劳聪慧，很快把羊的数量翻了几倍。他把一部分羊卖了，又住进了大房子，还买了地，过着丰衣足食的生活。

他的弟弟，却好吃懒做，坐吃山空。卜式不忍弟弟受苦，又分给弟弟一些东西。

那时候，朝廷多次发动对匈奴的战争，花费了大量军费。卜式爱国，为了帮忙，他向朝廷表示，愿意把一半家产都交给国家作为军饷。

天底下哪有这么好的人呢？汉武帝得知后，以为卜式必有所图，便派使者到卜式家中，问卜式，若捐了家产，是否要换回什么？

卜式说，没有任何要求。

使者说，无功不受禄，你捐赠这么多财产，国家怎么好空手来拿？

卜式说，天下兴亡，匹夫有责，有钱的就该出钱，有力的就该出力，这是应该的。

使者把卜式的话原样带给汉武帝。汉武帝实在琢磨不透，不知卜式心中所想，便和丞相商量。

丞相以小人之心度君子之腹，认为天底下没有这么好的良民，肯定是假的，建议汉武帝勿要理会。

汉武帝听从了，不理卜式。卜式没能捐出家产，依旧过着自己的生活。

几年后，河南境内陡增了很多难民，当地县衙颇是为难。卜式见状，马上拿出20万钱给河南县衙安置了难民。

　　卜式的乐善好施，传到了皇宫。汉武帝一听，这个人不就是前几年要捐家产的卜式吗？

　　皇帝大悦，下令赏赐卜式。

　　卜式婉拒了，说国家万事待兴，正需要用钱，自己应该往外掏钱，怎么能取用国家的钱呢。

　　赏赐被原封不动地还了回去。汉武帝大为感动，心想，卜式不贪恋钱，那就让他做官吧。

　　汉武帝封卜式为中郎官兼左庶长。

　　卜式又婉拒了，说自己喜欢过着清闲自由的放牧生活。

　　汉武帝觉得卜式这个人着实不错，便告诉卜式，皇宫的上林苑有很多羊，可到上林苑放羊。

　　卜式这回欣然答应了。

　　卜式放了一年羊，把羊都养得白白胖胖的，羊的数量还增加了一倍多。

　　汉武帝大加赞赏，问卜式养羊的心得。

　　卜式说，没有特殊的心得，养羊就跟治理人民差不多，把"害群之马"去除，让羊群保持正常秩序就行了。

　　按照生物的遗传性来看，卜式的养羊方式，蕴含着基因的原理。他把"害群之马"，即病羊、劣羊等除去，只剩下优良的品种，确保了健康基因的传承；在不断地剔除下等羊的过程中，羊的基因，会一代代强盛。这样一来，羊的体魄就会越来越强壮，羊的繁殖就会越来

▼《秋林纵牧图》，牧羊童在玩耍，羊群兀自休憩，各自怡然自得

越兴旺。

卜式不知晓"基因"这个词，他只是凭借经验来养羊，表现了古人的非凡才智。

古人的很多技巧，都是在实践中形成的。养羊也是如此。

古人在选种时，用于繁殖的羊都很强壮；而强壮的羊，多在腊月正月出生。这是因为，这个时候正逢过年，母羊吃得好，产下的小羊羔也很健壮。这也确保了种羊的优秀基因能够保留下来、代代相传。

养羊要仔细，要有"分寸"，既不能让羊静止，也不能奔跑太过，要让羊边走边吃；同时，既不能经常喝水，也不能不喝水，要在有水有树有草的地方，慢慢地徜徉。

胡羊更挑剔，一天都不能挨饿。如果有一天挨饿，过几个月必死无疑。

这些技术，世代累积，成为民俗中最为奇特的一部分。

扩展阅读

汉朝人在过年时，禁忌破败器皿，这种民俗沿袭至今。生活在苏州的古人，从大年初一到正月十二，每天还用瓶汲水，称水的轻重：水重，预示此月多雨雪；水轻，预示此月干旱。

◎灯和豆，是近亲

汉朝最漂亮的灯，最华丽的灯，是中山靖王刘胜的灯。

刘胜是谁呢？

他大有来头。他是汉景帝之子，汉武帝之兄，但因为是庶出，未能登基称帝，但待遇格外优渥。

汉武帝登基后，根基不稳，担心刘胜等诸侯过于强大，威胁他的皇位，便派去大臣，以辅佐诸侯之名，监督诸侯。刘胜聪明，深知汉武帝之忧，便把精力都放在了酒色欢娱上，天天笙歌美酒，以此向汉武帝表示自己没有野心。

由于沉溺美色，刘胜生下的儿子，就有120多个。

他还穷奢极欲，把宫殿装饰得富丽堂皇，耀眼夺目，就连灯具都极度奢华璀璨。

就这样，汉武帝以为刘胜没有僭越之心，对刘胜很放心。刘胜保全了自己，当了42年的中山王，平安地去世了。

在下葬时，那些奢华的灯，也被埋入了地下。

有一盏十五连枝灯。灯的底座，由3头猛虎构成，上雕龙纹。灯柱伸展出的弯曲虬枝，使它看起来像一棵树，"树"

◀造型奇特的人形灯

▲典雅的古代走马灯，内有皮影

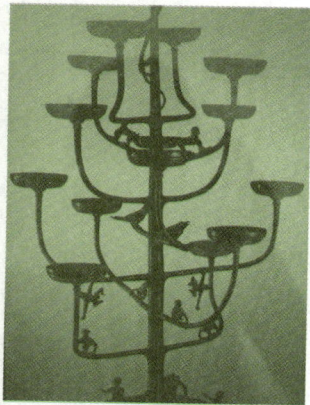

▲ 树一样的十五连枝灯

上有一群小猴子在玩耍。"树"下，有两个裸体的男子手持水果逗引小猴，活泼有趣。灯柱伸出弯曲的臂，又似手臂，托着灯盘，盘中插着3根灯芯。

这样的灯，极为豪华，除了刘胜之类的贵族，别人不能使用。否则，就会被抓入大牢。

灯，并不是在汉朝才问世的，它在战国中后期就出现了。式样比较简陋，多数都是豆形灯。

豆形灯的创作灵感，来自于容器豆。一开始，古人用豆作为灯的底座，然后，有人发现，豆的形状，很适合制灯，便把豆改造成了灯。灯和豆，堪称近亲。

豆形灯的灯盘，是个浅盘；盘中间，也有烛签；灯柄，是葫芦状；底座，是喇叭状，向外扩张。

豆形灯成本很低，制作很简单，平民多使用它。

"灯"这个名称，就是由"豆"引申而来的。"豆"和"镫"在古代通用，有人便把豆说成镫，此后，镫就演化成了灯。

扩展阅读

战国时，南方大多种橘树、柚树，楚国的云梦，就盛产橘柚；北方多种枣树、栗树、桃树、李树，"枣栗"是大夫宗妇的赘见礼物。这种栽植风俗，一直沿袭至今。

◎行商与坐商，各有各的道

古时，洛阳人做买卖时，常有三过家门而不入的风俗；如果忍不住回家的话，就会被看不起。

商人中，有行商，有坐商。

行商，没有固定的经商地点或场所，或挑担子，或推车，或扛，四处游走，主动向人推销。

坐商，有固定的经商地点或场所，只等着来人购买就行了。

行商要四处奔走，他们的存在，极大地促进了商品的流通。

有这样一个行商，走到一个村子时，坐在石亭休憩。石亭前，有一棵大枫树，树干在风雨的侵蚀下出现了窟窿。天下着大雨，路泥泞难行，他带着鳢鱼，不便行走，便捞出一条鳢鱼，放到树干的窟窿里，捧了雨水进去。

之后，行商离开了，消失在烟雨中。

雨停后，有一个村民也来到石亭，偶然发现了树洞里的鳢鱼。

他大惊，认为鳢鱼不应该是树里的东西。他招来村人看这条鳢鱼。有人说，这哪里是鳢鱼，分明是神！

于是，村民集资，挨着大树建起了庙宇，起名为"鳢父庙"，并宰杀牲畜祭祀。

有一天，那个行商再次经过此地。他去树洞那里一瞧，看到鳢鱼还在，活得很好。他便把鳢鱼抓出来，熬了鱼汤喝。村人这才恍悟，

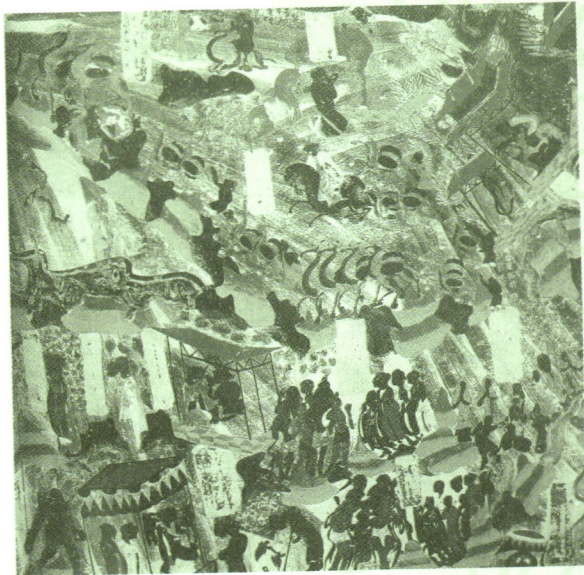

▼艰难跋涉在古道上的西域商队

祭祀活动渐渐消失了。

坐商，不如行商自在，要守着摊子。

坐商注重商铺的宣传，会在铺子挂招牌、横幅、招幌。有一个黑猴公的帽子铺，柜上就摆着一只大黑猴；卖鹿角的铺子，悬挂着一只大大的鹿角；卖扇子的铺子，把大扇子吊到了屋檐下；卖乐器的铺子，在门口竖着一把琵琶。

"当垆卖酒"，属于典型的坐商。

汉朝的大才子司马相如，才华横溢，仪表堂堂。四川临邛的富豪卓王孙仰慕他的名声，请他前去宴饮。卓王孙的女儿卓文君，新婚不久，刚死了丈夫，在娘家居住。她仰慕司马相如的文采，当司马相如来赴宴时，她从屏风处窥视。司马相如于是抚琴弹奏了一曲《凤求凰》，以传达爱慕之情。卓文君明白了司马相如的心意，是夜，二人携手私奔。

卓王孙大怒，深觉女儿败坏门风，便不给她一文钱。司马相如一贫如洗。二人变卖所有，开了家小酒铺。每日，卓文君当垆卖酒，司马相如打杂洗碗。他们的经营模式，就是坐商。

坐商有各种招揽顾客的手段。"当垆卖酒"就是其中之一，它含有广告的性质。"垆"，是铺子里安放酒瓮的土台，土台能帮顾客温酒。土台前，经常坐一位相貌出众的美女，一是照应客人，二是招揽客人。

因此，"当垆卖酒"是汉朝的一种坐商风俗。

那种可以温酒的土台子，后来慢慢演化成酒店中不可缺少的一个标志。

扩展阅读

周朝有保护野生动物的风俗，朝廷有"渔人"、"鳖人"的官职，规定：夏季，鼋、鼍、鱼、鳖、鳕、鳣有孕，处于繁殖期，不能捕捞或释放毒药，要让它们安全生长。

◎汉朝的舞台剧

一个小巧的女子，位于12张重叠的桌子上，表演倒立。只见她细腰如蛇，身子弯成一把弓，双足并拢，悬于空中，表演各种高难动作。

在她的旁边，还有一个敏捷的男子，上身赤裸，脚蹬木屐，双手舞弄着5个丸球，侧头呼应女子，神情悠然自得。

在他们中间，还有一个女子，双手舞袖。袖子纷飞，如梦如幻。她的两脚，踏在盘子上、小鼓上，载歌载舞。她跳的是盘鼓舞，糅合了杂技和舞蹈，最吸引人的注意。

这3个人是汉朝的乐伎，他们的表演，就是百戏。有人将他们的形象刻在了画像砖上流传了下来，其再现了汉朝的百戏盛况。

百戏，是所有艺术表演的总称，又称为角抵戏，包括杂技、魔术等。

汉武帝热爱艺术，带动了百戏的发展。百戏顾名思义花样百出，应有尽有，堪称最盛大、最繁丽的舞台剧。

百戏能锻炼人的品质和意志力，还能培养勇敢的气魄。

在桌上倒立，需要很强的平衡能力和柔韧性。它来源于西方的柔术，汉朝称"安息五案"。安息，就是指波斯。倒立，还可以在鼓上、竹竿上进行。

戏车高幢，最为惊险。

表演时，用3头鹿拉车。车上竖

▼缘竿杂技在儿童中也很盛行

立3根高竿；中间的一个高竿上，有一个鼓；鼓上，有一个小孩，做各种杂技动作；车厢里，还有一个乐队；乐队由4个人组成，2个吹箫，1个奏茄，1个敲鼓。

在车旁，有"鱼龙曼延"。

由两个人扮成一条鱼、一条龙；另外5个人拿着鞀鼓，挑逗龙和鱼；一个小孩在龙身上做各种表演。

在鱼龙曼延上面，有3个人，表演"陵高履索"，就是走钢丝。钢丝的下面，竖着几把刀，3个人毫无惧色，在钢丝上做惊险的动作，乍看之下，就要掉落下来，却又及时收住了，像垂柳一样挂在钢丝上。观者汗毛倒立，非常恐怖，但又忍不住去看。

▼图中小童在玩傀儡游戏，属百戏一种

走钢丝直到唐朝都很流行，只不过，树立的刀剑被取消了，多是让两个人在10丈长的绳索上舞蹈；当两个人在绳索上相遇时，就会神奇地擦肩而过，而歌舞并不会停下，堪称奇迹。

扮兽戏，在汉朝也很热闹。

它包括凤凰戏。戏中，也有一个伴奏乐队；有3个人，一个人吹箫，一个人拍掌歌唱，一个人把手缩进袖子里，干坐着，像个摆设，看起来非常有意思。

还有飞丸跳剑，即一个人拿着几个圆珠和尖刀，接连循环地向空中扔，从不掉落。

缘竿的表演，很常见。有一个人，头顶着木架；木架上站着3个小孩，由小孩翻腾做动作。

歌舞必不可少。有男子挥舞衣袖，扮成女子；地上放着7个盘鼓，男子就在这7个盘鼓之间跳舞唱歌。伴奏乐队有大有小。

百戏里，滑稽表演很出名。这就是小丑表演，带有一定的故事情节。

还有一个脍炙人口的节目，叫"说肥瘦"。它是一种戏曲的初级形式，兼有说唱的成分。

斗兽，在秦朝就有了，到了汉朝更多见。斗兽，就是模仿野兽和驯服野兽。不过，汉朝人更喜欢人兽搏斗。他们偏爱老虎，总是由两个力士和两只老虎打架。一个力士赤手空拳，另一个力士手持长矛，不停地挑逗老虎，刺激老虎，然后，与老虎拼斗得死去活来。

汉武帝也是斗兽迷。他爱跟熊斗。他徒手上场，与熊周旋、搏斗，快活得不得了。

斗兽，体现了汉朝人征服一切的强大信心。

汉朝的百戏，宏大丰富，震烁古今。元朝以后，"百戏"这个词慢慢地消失不见了。但现在的杂技，大都起源于汉朝。

扩展阅读

饮食风俗因地域而不同，南方有些古人喜食腥膻。上古时，干越人爱吃羊、牛、鳖等。春秋战国时，干越族的岩洞墓葬群中，几乎每座墓的棺旁，都放有1~2个鳖壳。

◎ 扇子的背后

西汉有一个著名的女辞赋家，她是史学家班固的祖姑，也是汉成帝的妃子，她就是班婕妤。

班婕妤的文学造诣极高，写辞赋时，能够引经据典；在音律方面，她也很擅长；她的容貌、行止，又很端庄。汉成帝被她深深地吸引，对她产生了亦妻亦友的感情。

皇帝巡游时，需乘坐辇作为代步工具。汉成帝为了能与班婕妤同辇游玩，特别命人做了一辆很大很豪华的辇，让班婕妤上辇游乐。

班婕妤谢过，又拒绝了。她说：古时候的明君，都会让贤良的丞相跟在身旁，只有像商纣王那样的亡国之君，才会让宠幸的妃子坐在身旁。

汉成帝无奈，只能放弃了。

这件事让太后知道了，太后大为称赞，情不自禁地说："古有樊姬，今有班婕妤。"

班婕妤在后宫的地位，更加突出，迎来了更多的尊重。

然而，没多久，赵飞燕姐妹入宫了。汉成帝迷恋美色，日夜与赵氏姐妹厮混，渐渐冷落了班婕妤。

赵氏姐妹嫉妒班婕妤的名声和地位，总是想方设法地打击班婕妤，搬弄是非。她们诬陷班婕妤，说班婕妤装神弄鬼，诅咒她们和皇帝。

汉成帝色迷心窍，相信了她们，去问班婕妤为何要诅咒。

班婕妤淡然道："我听说过生死有

▼图中仕女所持之扇透明，有鱼鳞纹，异常精美

命，又为什么要装神弄鬼？如果鬼神有知，哪里需要诅咒？如果鬼神无知，诅咒又有什么用？我不屑干这些事。"

汉成帝觉得有道理，便不再追究了。

班婕妤有远见，她知道，若与赵氏姐妹争锋，可能性命不保；与其如此，莫不如避开锋芒，远离是非之地。

◀《瑶宫秋扇图》中，班婕妤手持合欢扇

于是，班婕妤向皇帝请求，要去长信宫侍奉太后。

汉成帝同意了。班婕妤在太后的羽翼下，躲开了赵氏姐妹的陷害。

班婕妤虽然安全无虞，但居于深宫之内，她回想前尘往事，未免会很伤感。在凄冷的月下，她将自己比作秋天的团扇，做了一首流传千古的《团扇诗》。

诗曰："新裂齐纨素，皎洁如霜雪。裁作合欢扇，团圆似明月。出入君怀袖，动摇微风发。常恐秋节至，凉飚夺炎热。弃捐箧笥中，恩情中道绝。"

她形容自己被"弃捐箧笥"，再也回不到从前了。

诗中的"合欢扇"，就是"团扇"，是妃子侍女的一种装饰。

此诗走红后，团扇成为了红颜薄命、佳人失势的代名词。清朝词人纳兰性德就借用班婕妤的典故，作词道："人生若只如初见，何事秋风悲画扇。"形容昔日相亲相爱，今朝却相离相弃。

扇文化，是民族文化的一部分。远古时，原始人受不了烈日的炙烤，就随手摘叶子遮挡太阳。那时候的扇子，便叫"障日"。尧舜用芦苇制过"五名扇"，没事就摇着，象征权力。

当帝王使用了仪仗扇后，扇子就成了彰显地位和权势的工具，也叫"官扇"。

商周时，有人用五颜六色的野鸡尾的毛制成了"羽扇"。

从秦至汉，扇子势如洪水，呼啸而来。有方形扇、圆形扇、六角形扇，几乎能想到的形状都有了，多以绢素制成。班婕妤写的团扇，就是一种绢扇。

魏晋时，扇子演变成皇帝的专用品。

扇子种类繁多，以团扇和折扇最得宠。

团扇有如明月，符合如意吉祥之意。

折扇可直接放入袖中，扇面有书画，扇骨有雕琢，具优雅风姿。

隋唐后，盛行羽扇、纨扇，还有少量的纸扇。

在扇上题字作画的习俗，在明朝时传入欧洲，传遍了世界。

扩展阅读

春秋时，楚国想推翻周朝，遂"问鼎中原"。鼎，此时代表国家。汉朝时，鼎不再风光，百姓用鼎盛肉、煮食物。鼎壁很厚，浪费火力，食物难熟，鼎便被抛弃了。

◎写在脸上的命运

汉朝人相信，一个人的面相，会决定他的命运。就连大思想家王充也不能免俗。

王充的祖上，作风彪悍，粗野放肆，言行没有顾忌，蛮横无理，目中无人，经常依仗权势欺压人。家道中落后，家风没变，仍和以前一样，一点儿都不知道收敛，依旧霸道强横；遇到灾难的时候，还干一些杀人放火、偷鸡摸狗的勾当。这样一来，仇家越来越多，为躲避仇家，全家都迁到别的地方；不过，本性不改，仍然欺压别人、耍无赖，引起众怨。为此，全家只能再次迁居。

王充对这段不光彩的往事，毫不避讳，他自己也敢于抖露家丑。不过，他的坦率遭到了误解。一些史学家指斥王充为"罪人"，说王充这是不孝。

王充坚持个性，顶住压力，依旧我行我素。

王充如此与众不同，却也有随大流的时候。比如，他认为，外貌可以决定人的高低贵贱。

也就是说，他相信相术。

相术，就是相面之术，通过人的面貌、五官、骨骼、气色、体态、手纹等，来推测吉凶祸福、贵贱夭寿。

在远古时代，相术就出现了；在汉魏时期，相术已经很流行了。

"反相"，是相术中一个较为重要的面相。古人相信，如果有谁背叛，或者会遭遇不好的事情，都有反相呈现。

汉朝女子许负，就善于看相。她还因此被封为雌亭侯。这是历史上第一位被封侯的女人，可见相术在当时何其重要。

许负在归隐前，曾被请到宫中为大将周亚夫看相。

周亚夫久经沙场，立下很多战功。皇帝有心提拔他，给他升职，所以请许负给他看相，以便帮助自己做决定。

▲缝制复杂、样式独特的虎头帽

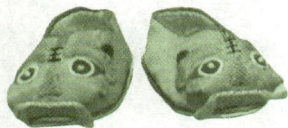

▲古人认为穿戴虎头鞋帽，能驱邪壮胆，图为虎头鞋

许负仔细观察周亚夫，俄而，叹息道："将军生来富贵，但结局却极为不堪。虽然将军日后会被封侯、当上丞相，但最终会被饿死。"

许负从周亚夫脸上看出了反相。这让众人深觉意外，都不相信。因为周亚夫出身显赫，绝对不可能饿死。

然而，后来发生的事实却证明，许负的话，一言不错。

周亚夫升任丞相之后，他的儿子感觉他身体衰弱了，便偷偷买了500甲盾，准备在他去世时发丧用。甲盾作为武器，是国家禁止买卖的。于是，就有人诬陷周亚夫要谋反。周亚夫被抓捕了。

周亚夫解释，甲盾是用于发丧的，是随葬品，与谋反无关。

廷尉讽刺他说："你就是不在人间谋反，恐怕也要到地府谋反吧！"

周亚夫愤慨难当，深觉屈辱，为抗议不公，他拒不吃饭。

5天后，周亚夫抑郁绝食吐血而死。

相术，是一种迷信。相术中的许多判断，都存在巧合和误打误撞，不足采信。但古人对科学知识了解不足，所以，对相术极为推崇，且深信不疑。

扩展阅读

关中地区的风俗：外婆家要给外孙制作虎头帽、虎头鞋、虎裹肚，虎的前额绣一"王"字。民间认为，小孩穿戴有虎头的鞋帽，可以壮胆，可以驱邪，且健壮如虎。

◎瘦羊博士在腊日

刘秀开创了东汉之后，把太学重建起来，声势浩大，群贤毕至，就连北方的匈奴都派子弟前来留学。

太学里的"教授"，即博士，学识渊博，才高八斗，甄宇就是其中之一。

光武帝刘秀爱才，重视、爱惜博士们，一到腊月三十，就会下旨，给每位博士都赏赐一只羊。

这一年，在腊日，光武帝又像往常一样赐羊了，但太学的博士们却议论纷纷，因为有的羊肥，有的羊瘦，大小不一，怎么样才能合理分配让他们拿不定主意。

众人七嘴八舌，不断地计较。有人建议，把羊杀了，然后将羊肉平均分配；有人建议，采用抓阄的方法，依靠天意分配。

甄宇一言不发。他对这些分羊方法感到羞耻，便自己走到羊群中，在众目睽睽下，挑了一只最瘦最小的羊，兀自牵走了。

其他博士看了，羞愧不已，深为自己的行为所汗颜，便不再争论，各自去牵羊，羊很快就分完了。

这件事传遍了洛阳城，时人都佩服甄宇的高风亮节。光武帝听说后，也深为感叹。

有一次，光武帝去视察太学，直接问道："瘦羊博士在哪儿？"

从此以后，"瘦羊博士"便成为甄宇的代称。腊月也与甄宇连在了一起。

腊月，是每年的最后一个月。

腊月处于冬春交替时，农活都闲了下来，古人便趁此祭祖、祭神。"腊"这个字，通"猎"，意思是，猎取野兽，用以祭祀。周朝人在腊月都很忙碌，又是抓野兽，又是宰

▲全身黧黑的金刚

▲古代畜牧业很发达，图中羊神态如人

▲ 双目炯炯的金刚

▲ 长着花豹纹的金刚

野兽。到了汉朝，就成为了一个重要的民俗节日。

汉朝人把冬至这天，作为腊月的起点，以冬至后面的一个戌日，作为腊日。大概就是在冬至后的第37天，位于大寒和立春之间。

腊祭的原始意义，是驱除寒气，辅助民生。

古人要吃腊八粥。腊八粥原是佛教节日里的一种食品，后来传到了民间，用以驱鬼神、庆丰收。

腊羊、腊肉等，都用腊水制成，也是腊月的食物。

腊月里，喝酒是不可少的。年终是百姓难得的放松的时候。汉初时候，不准随便喝酒，如果有3个或以上的人无故喝酒，都要被罚款。后来，政策放松，允许百姓聚集喝酒，可一连喝5天，喝得微醺时，还跳起舞来，使枯燥的日子变得生动了。

到了南北朝时，腊月注入了佛教活动，出现了金刚力士。手持金刚杵的二位大神，被称为"哼哈"二将。

后世许多节日中的游戏和娱乐，大都发源于汉魏。

扩展阅读

簋，用于盛食物。尧，就是用土制成簋，以便吃饭。簋是竹子头，可知它由木制成，也可用青铜制作。簋在先秦时是礼器，不能随便摆放。秦汉之后，簋渐渐少了。

◎洞房里的勾当

闹洞房的习俗，最早出现在汉朝。

先秦时，婚礼都严遵周礼，淳朴，鸦雀无声，严肃静穆。入汉后，经济繁盛，古板沉闷的婚礼不再受欢迎，汉朝人更追求精神的娱乐，喜庆的色彩，因此，诞生了闹洞房。

但闹洞房自诞生之日起就被视为一种陋俗恶习。因为闹洞房时常会闹出人命。

有一个人叫张妙，他有一天去参加友人杜士的婚礼。他喝多了酒，头脑不清醒，在闹洞房时，捶打杜士20下，又把杜士的脚趾悬吊起来，竟然把杜士活活地折磨死了。等他酒醒后，后悔不已，但悲剧已经酿成。

晋朝也出现过恐怖的闹洞房行为。那时候，不是戏弄新郎了，而是戏弄新娘。

新娘被一大帮人围着，有人上前刁难她，问她各种离奇古怪的问题。有的是丑陋的私房话，有的是责慢之语。这还不算什么，还要把新娘打一顿，或者也倒着吊起来，折磨她的身体。有的女子，因此遍体鳞伤，血流如注。更有甚者，有人肢体折损，变成了残疾人。

由于闹洞房如此可怕，律令曾禁止此举。但闹洞房从未消失过。

闹洞房被赋予了驱邪的意义。古人认为，洞房中会有狐狸、鬼魅，闹洞房可逐阴邪。

为了驱邪，洞房内还点着长明灯，"洞房花烛夜"这句俗语，说的就是这个意思。

"听房"的习俗，也是为趋避鬼怪而诞生的。

听房，就是一些爱热闹的人，潜伏在洞房外，偷听里面的动静。

汝南女子马伦，乃名门之后，才华不凡。她出嫁的时候，家里给了她很多嫁妆。入洞房时，她的夫君袁隗刁难她，问："你一个妇道人家，每天都要干家务活儿，打扮得这么华贵做什么？"

马伦不慌不忙地回答："这是我父母对我表达的爱意，我不能拂逆了他们的意思，不然我就是不孝，就是忤逆。"

袁隗继续发难，说道："你家里还有姐姐，你身为妹妹，居然比姐姐先出嫁，这不是有违礼法吗？这让你的姐姐如何抬得起头来？"

马伦微微一笑，答道："这是因为我的姐姐眼光高，我眼光低，找个人将就将就就算了。"言下之意是，袁隗不怎么样，嫁给他，只是凑合一下。

▲ 汉朝人把嫦娥视为"月精"，此为《嫦娥执桂图》

袁隗大惊，又很焦急。他知道洞房之外，有人在听房，如果他的辩论不及一个妇人，会大失颜面。

他又急迫地追问马伦，说："岳父是名人，还做过官，不过，听说他经常受贿，那么，岳父是不是浪得虚名呢？"

马伦说："就算伟大如孔子，也避免不了别人对他的诋毁。嘴是长在别人身上的，别人怎么说，谁能管得着？越是出名的人，就越有人诋毁，我父亲遭受诋毁，是正常之事。"

袁隗无言以对，彻底认输了。

在外面听房的人，都感觉袁隗这厮太没用了，让一个女子说得哑口无言，事后便不断地取笑他。

闹洞房沿袭至今，已经变得温和而好玩，成为婚礼中有趣的点缀。

扩展阅读

在汉朝人心中，月亮中有蟾蜍、兔子。"嫦娥奔月"的故事，也在汉朝出现，嫦娥被认为是"月精"。崇拜月亮的风俗，还流传在匈奴。匈奴单于每天晚上都要拜月。

◎ 夏至的雨

"一候鹿角解；二候蝉始鸣；三候半夏生。"这是什么意思呢？

其实，它们都与夏至有关。意思是，夏至分为三候：当阴气逐渐滋生，阳气有所减弱时，鹿角就开始脱落，这是夏至第一候；当阴气日盛，雄蝉就会张开翅膀，大声鸣叫，这是夏至第二候；在炎热的仲夏，半夏这种喜阴植物，在沼泽或水田中丛生，喜阳的植物则渐渐消失不见了，这是夏至第三候。

也就是说，夏至到来了。

夏至莅临后，地面受到暴晒，承受很大的热量，空气对流活跃，午后到傍晚时，经常会出现雷阵雨。

不过，雨来得快，去得也快，降雨范围很小。有的时候，雨就下在几条田垄上，其余的田垄上都没有雨。古人便说："夏雨隔田坎。"

有的时候，这边大雨倾盆，而不远处，却高悬着太阳。唐朝诗人刘禹锡对此很感兴趣，便写道："东边日出西边雨，道是无晴却有晴。"

▼《夏日纳凉图》，夏至来临后，天气极热，需宽衣纳凉

夏至这天，在一年之中，日照最强烈最热。但这一天也是阳气盛极而衰的一天，从这一天开始，阴气会逐渐取代阳气。因此，古人特别在意这一天，把它视为一个重要的、有意义的节气。

不过，汉朝人看待夏至，就像看待一个禁忌日。

在汉朝人看来，阴气的滋生，意味着鬼魅等邪恶力量在生长。为了防止鬼魅闯入，他们对看好自家门户很上心。为了辟邪，他们用5色的桃木，装饰门户；还用新织的鲜艳布条，挂在门框上，用5色布挂在衣服上，以"止恶气"。

同时，他们还禁止一些冶炼，一直挨到立秋，才算解禁。

夏至这天，水位会上升，泉水会上涌。因此，汉朝人还在这一天"浚井改水"。

在农事上，夏至是重要的一天，符号性的一天。土地的播种、食品的制作、饮食起居的安排等，都以这一天为基准。

汉魏时，节气习俗与文化趋向分不开。夏至的民俗，就与战国以来的阴阳五行思想有关。

🎵 **扩展阅读** 🎵

夏九九歌：一九至二九，扇子勿离手；三九二十七，汗水溻了衣；四九三十六，房顶晒个透；五九四十五，乘凉莫入屋；六九五十四，早晚凉丝丝；七九六十三，夹被替被单；八九七十二，盖上薄棉被；九九八十一，准备过冬衣。

◎节气：时间的长度

自古，在东北的黑龙江，就上演着隆重而悲壮的一幕：

水中一层层地挤满了10厘米左右的小鲑鱼，它们顺流而下，像完成一项使命似的迅速游向海洋。大约4年后，成长起来的鲑鱼又开始沿着来时的路，逆流而上，从海洋游向河流。

这是一个漫长而艰难的死亡之旅，几千公里的洄游中，鲑鱼将面对50多种敌对力量。既有翠鸟的高密度空袭、苍鹭的横扫千军，也有海豹的水面追击、鲸鱼的海底埋伏。在通往故乡的路上，只有很少的鲑鱼会幸存下来。

最具有劫杀力的是黑熊。黑熊能够掐准鲑鱼洄游的时间，它们就像等待一年一度的节日一样，早早地就等在了河流的入海口。

当鲑鱼成群结队地游过来时，黑熊已摆好阵势，有的潜伏在急流中，有的守在瀑布入口，有的守在上游浅水区，有的守在岸边，构成一个密不透风的阻截网。

生死关头，对决时刻，鲑鱼毫不迟疑，它们从海水跃入河水，不顾黑熊的利爪，奋勇前行。黑熊毫不留情，它们蹚在水里，跑动起来，像马一样快。

鲑鱼密密麻麻，层层叠叠，挤满河流，黑熊一伸爪子，就能把鲑鱼捞上来。

如此凄烈的厮杀，使河流中到处都是血水，淋漓的残肉，支离的鱼鳍，破碎的骨架，但幸存的鲑鱼愈发顽强，奋勇、拼力前进。

瀑布和湍流也是鲑鱼的天敌。

大大小小的瀑布跌落于陡壁上，滔滔奔涌，水声轰鸣，几乎没有一条鲑鱼能够一次性腾跃到瀑布顶上；一股一股的湍流冲决于泥沙上，形成一道道高高低低的坡坎，几乎

▲节气指导人们耕作，此为《春耕图》

没有一条深海鲑来得及喘息就需要跨越这些连绵不断的障碍。

鲑鱼不停地游动，不停地勘查，不停地测试水的强度和冲击力。之后，它们快速地摆动肢体，破水而出，向上冲锋。

每次腾跃，都要消耗大量的能量。因此，很多鲑鱼就在这一次次的尽力冲刺中死去了。

水中密布着因衰竭而死的鲑鱼，以及奄奄等死的鲑鱼，仿佛一首凄艳的挽歌。

当一息尚存的鲑鱼最终抵达终点时，已伤痕累累，疲惫不堪，产卵后便死去。

然而，当新的生命轮回开始后，新生小鲑鱼仍会再次重复这样的壮举。

从顺流到逆流，从清浅的淡水到幽深的海水，从甘凉的滋味到咸涩的滋味，鲑鱼用奋进之势，书写了一部生命史诗。

古人为之深深震撼。他们弄不清楚，鲑鱼是如何探测并凭借化学信号游回出生地的。但是，他们在鲑鱼浩荡的迁徙中，注意到一个节令方面的问题。那就是，鲑鱼游向海洋时，总是在草变绿时，花盛开时；游回河流时，总是在草变黄时，花凋谢时。

古代以农业立国，古人重视农业收成，而农业收成又与时序变化相关。因此，古历法的制定，需要根据物候学规律。

物候学规律是指：动物、植物、非生物在受到外界影响时，所出现的变化。比如，植物什么时候发芽、什么时候开花、什么时候结果实？动物什么时候蛰眠、什么时候繁育、什么时候迁徙？非生物现象中，什么时候降霜、什么时候下雪、什么时候结冰与解冻？

鲑鱼的迁徙活动，伴随着明显的季节变化。古人在掌握了包括这种变化在内的种种物候规律后，把"春"确定为正月，表示万物开始勃发生机，开始生长。

由于时序是农事活动的第一指导，因此，帝王如果忽略了动植物的自然规律，没能遵循这一规律确立时序，就会被视为是不合格的，或不优秀的。

▼桃花开放也是节气的符号，图中桃红柳绿，一派清和景象

周襄王是东周的第六位帝王，在公元前626年，他选拔出一批专业人士入宫，专门观察天文、测算时间，以便告知百姓安排农事。

但不知是专业人士测算有误，还是周襄王决策有误，总之，闰月被搞错了。这导致收成不利。

百姓非常恼火，气愤不堪，纷纷提出批评，把火气发到帝王身上。撰写《周本纪》的学者毫不客气，把百姓的指责如实地记载到史册上。而周襄王只能眼巴巴看着，默默地接受批评。

时序的重要，可见一斑。

聚居在黄河流域的古人，综合了天文学、气象学、生物学等诸多方面的知识，把时间进行了划分，分为四时、十二度、二十四节。

四时是指春、夏、秋、冬4个季节。

十二度是指一年分为12个月。

二十四节是指立春、雨水、惊蛰、春

分、清明、谷雨、立夏、小满、芒种、夏至、小暑、大暑、立秋、处暑、白露、秋分、寒露、霜降、立冬、小雪、大雪、冬至、小寒、大寒。

为便于记诵，有人还把二十四节的名称的第一个字取出来，连在一起，变成歌诀："春雨惊春清谷天，夏满芒夏暑相连。秋处露秋寒霜降，冬雪雪冬小大寒。"

汉朝时，二十四节气被更系统地记述下来。

到了唐朝，春耕、夏播、秋收、冬藏，已成固定的模式。在敦煌，甚至还出现了《咏二十四节气诗》。诗中，继续探讨着一个古老的话题：动物、植物与节气的关系。

比如，惊蛰二月，桃花盛开；清明三月，杨柳飞絮；立夏四月，蚯蚓探头；芒种五月，螳螂展臂；夏至五月中，蝉鸣如雨；小暑六月，蟋蟀振翅……

当然，那没有入诗的鲑鱼，仍在循着自然的召唤，进行着伟大的迁徙。

扩展阅读

"班春"，即颁布"春令"。立春时，汉朝让官员们穿青草色衣服，带着鼓乐班子，去督促民众及时投入春耕。狱中的犯人若罪不至死，也不再审讯，而是放归种地。

第三章
旷放的魏晋南北朝民俗

魏晋南北朝时，国家政权交替频繁，民族冲突和融合激烈而深入。这对百姓的日常生活、思想观念等产生影响。百姓对国家失去了信心，纷纷选择了逃离、躲避，这使得民俗文化发生巨变，倾向于追求清静、豪放洒脱、不拘泥于礼节、随心所欲的特点。

◎结婚的灵魂

冥婚，也叫阴婚，也叫幽冥婚，与死有关，是死后的灵魂之婚。

古人认为，人死后，元神不死，还有灵魂活着，所以，人并不是真的死了，还有意识，还需要有人陪伴。所以，当未婚的年轻人死后，他们就会给死者介绍对象，介绍冥婚，让死者在阴间享受快乐。

冥婚是婚姻中的特殊民俗，在先秦就有了。

这种阴森的婚姻，有两种形式。

一种是，男女都是死人，家里会把他们的坟挖开，把骨头清理出来，埋到一起。这叫合坟，这个过程，就意味着，完成冥婚了。这也叫"迁葬婚"、"配骨婚"。

三国时，曹操痛失爱子曹冲。曹冲天资聪慧，伶俐可爱，13岁却患病夭折，这让曹操悲伤不已。他痛怜曹冲，得知甄姓人家中过世了一个女儿，便请求婚配。甄家同意了，便把曹冲的骨骸与甄氏女的骨骸，合葬到一起了。

还有一种冥婚，当一个人死了，另一个人活着，他们也能通婚。比如，一个女子被许配给了一个死去的男子，此女就等于有了家庭，这叫"嫁殇"。

冥婚在周朝时，不被看好，被周礼所禁止，但到了三国时，却很盛行。

魏明帝是曹操的孙子，他有个女儿，名叫曹淑，也是一个可爱的孩子，但比曹冲还命短，没满月就死了。

魏明帝悲痛之余，想到他母亲有一个过世的侄孙，便打算让这个侄孙与公主举行冥婚。

时任司空的陈群，看不下去了。他极力劝阻，说按照礼制，8岁以下的小童死亡，无丧葬之礼，何况公主还没有满月，怎么能用成人的礼节呢？再说，若举行冥婚，文武大臣都要来参加，一群汉子在一个婴儿面前哭泣，像话吗？怎么能这么轻率呢？

魏明帝不理陈群，一切照旧。这使得冥婚更加风行了。

这种恶俗，一直持续到唐朝，还未衰落。

韦皇后当政时，他的弟弟死了，她便对大臣萧至忠说，要将弟弟与萧家过世的女儿安排冥婚。萧至忠不情愿，但迫于韦皇后淫威，不敢不答应。后来，韦皇后势败，从皇后被贬成了平民。萧至忠见状，便挖开了韦皇后弟弟的墓葬，打开棺材，把他女儿的尸骨取走，另外安葬了。

荒唐的冥婚，延续了几千年。唐朝文人郑馀庆在撰写《书仪》时，专门收录了冥婚这个习俗。唐明宗是个进步的皇帝，他看了之后，盛怒，认为郑馀庆是鼓励冥婚，令郑馀庆删掉。

但悠悠众心，若想改变，谈何容易？直到清末，冥婚方才渐少了。

扩展阅读

新石器时代，有崇拜动物的习俗，并发明了"人面鸟身"纹饰：人的脸是倒梯形，眼睛是一重重圆圈，阔嘴里布满利齿。这种人兽交融的形象，流传了很长时间。

◎世间再无"曲水流觞"

公元353年，三月初三，大书法家王羲之邀约谢安、孙绰等42个人，在兰亭集会。

他们举行了一场祭祀祈福的仪式。仪式过后，他们分坐在兰亭的清澈小溪两旁，互相面对着席地而坐。

他们把装有酒的酒杯，放在潺潺流动的小溪中，让酒杯从上游顺流而下。酒杯在蜿蜒曲折的小溪水中漂流下来，停在谁的面前，或在谁的面前打转，谁就要即兴发挥，吟诗作词，并把杯中的酒喝掉。

"曲水流觞"便来源于此。

在青山绿水、诗情画意中，有11个人各作了2首诗；有15个人各作了1首诗；有6个人没有做出诗来，各罚了3杯酒。

王羲之将大家的诗作都收集起来。然后，他拿起用蚕茧做的纸，用老鼠胡须做的毛笔，乘着兴致，挥笔写了一篇序。这就是举世闻名的《兰亭集序》。

▼《兰亭修禊图》中的"曲水流觞"

《兰亭集序》被后人称为"天下第一行书"，王羲之也被尊称为"书圣"。阴历三月初三，也成为历史上一个更加重要的日子。

三月初三，也叫"重三"日或"春禊"日。它与上古时就有的上巳节有关。

上巳节是消祸除灾、祈求幸福的节日，有祓禊的活动。

"祓"，意思是，祓除人身上的病气和不祥的东西。

"禊"，意思是，净身、修洁自己。

被禊，有浓重的宗教气氛，要通过清洗身体，来达到去除凶兆和疾病的愿望。

古人还会手持兰草，召唤自己的魂魄，借以祛除不祥之兆。

在进一步演化后，清洗身体变成了临水宴饮。仪式被正式地制度化，每年的三月初三，为法定的春禊日，古人要在这一天临水祓禊，临水饮宴。

王羲之生活的年代，局势动荡，战乱四起。文人们的才学得不到施展，他们抑郁终朝，只能寄情于山水，寄情于虚无。曲水流觞便成为他们抒发情怀的载体。它代表了文人们向往闲云野鹤的梦想，试图摆脱尘世的纷扰和烦恼的状态。

▲《兰亭修禊图》，亭中间者为王羲之

文人们在半醉半醒中，享受自然的宁静与淡泊。这是时代的产物，也是无奈的产物。

超凡的曲水流觞，在那个特殊时代终结后，逐渐衰落了。如今，世间再无曲水流觞，再无那样优雅的闲情逸致。

扩展阅读

区田法，是汉朝的一种先进的耕作方法，适合大片的平地，也适合小块的斜坡和丘陵。它把地割成许多个小方块，若在一个方块内撒种，相邻的那个方块就空着不种。

◎柳枝不是随便折的

谢万是晋朝名士，他不仅有才华，度量也为人所称道。

这一天，谢万与蔡系等人，一起去送别支遁，地点在征虏亭。

到了征虏亭，几人坐在亭下。一时，蔡系起身去河边。谢万为与支遁说话，想坐得与支遁近一点，便坐到蔡系的位置上。

蔡系回来后，抬手去推谢万。谢万跌倒在地上，帽子都栽掉了，模样很狼狈。

谢万自己站起来，拍了拍衣服上的土，戴好了帽子，整个过程都非常平静。

谢万重新坐好后，对蔡系说："你刚才差点儿就把我破相了。"

蔡系说："我压根就没为你的脸考虑过。"

两个人继续畅饮，谁都不在意，不对彼此产生芥蒂。他们的风度和气量，被时人称道。这也是旷达超脱的魏晋风度的明显体现，反映出了那个年代特有的率真和自然。

这个典故，在古代送别文化中久为流传。

古风俗中，送别与迎客，大多会选择在城外的亭下、河边；送别时，可在亭子里摆宴畅饮；亭子多依水而建，河边环绕依依垂柳，突出了恋恋不舍、缱绻不休的气氛。

▲ 难分难舍的溪边送别

古人常会折下柳枝相赠，用柳枝来表达内心的真情。

早在周文王时，有将帅远征，周文王就亲自送行，在城门口话别。《诗经》中描写当时的场面——"昔我往矣，杨柳依依。今我来思，雨雪霏霏。"

魏晋南北朝时，折柳还代表游子对家乡的思念。

折柳送别之风，一直延续到唐朝。

唐朝人的送别地点，多在距长安城30里的灞桥。王维诗中的"青青柳色新"，李白诗中的"无花之古树"，皆指灞桥之柳。

春天的灞桥，柳丝缠绵，惹人流连；冬天的灞桥，风雪潇潇，更其动人。因而，很多人都把冬天的灞桥送别场面画了出来。

折柳，是送别的代名词。因为"柳"同"留"，能够表达挽留相惜的深情。

文学巨匠雍陶，在出任简州刺史时，送友人远行。他一直送到城外的情尽桥，还不回去，继续向前送。

友人说："此桥名为'情尽桥'，意思就是，送到这里就该回去了。"

▲《灞桥风雪图》，桥栏隐隐，行人渐远

雍陶颇感慨，提笔把"情尽桥"更名为"折柳桥"。他在桥上写下了七言绝句，"从来只有情难尽，何事名为情尽桥。自此改名为折柳，任他离恨一条条。"诗中的深情厚意，感人肺腑，令人欷歔。

细小的柳枝，看似不起眼，却不是随便折的。它蕴含着深刻的送别文化，是民俗史中最旖旎的一页。

扩展阅读

温室栽培技术在汉朝就出现了。富人会把园子封闭好，种上葱、韭、菇等。为了不让菜冻死，日夜使人烧火，保持园内恒温。这样一来，在冬天也能吃到韭菜了。

◎成人礼的意义

成人礼于今已然陌生，但在古代，它至关重要。

男子成年后，即20岁，要举行"冠礼"。冠礼的制度化，是在周朝。

女子成年后，即15岁，要举行"笄礼"，也叫"笄冠"、"笄年"。

在汉魏皇室，皇帝和太子的冠礼，天下瞩目，因此这时候，要大赦天下。

南北朝的学术大家范缜，曾有过一个特殊的冠礼。

范缜很小的时候，父亲便生病去世了。没有了父亲的支撑，家里的生活分外艰难，范缜的母亲苦苦维持着生计。

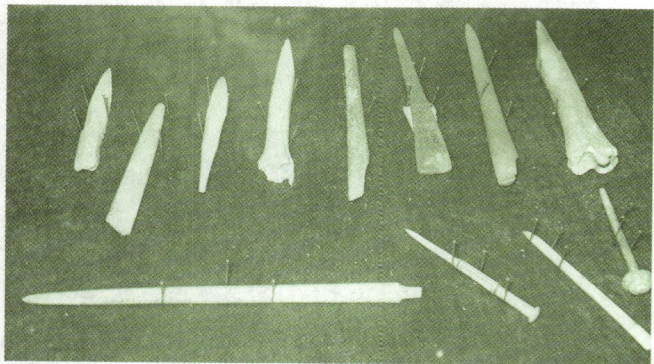

▲笄礼是女子的成人礼，图为原始人制作的骨笄

范缜做学问很用功。他10多岁时，偶遇儒学大师刘瓛四处讲学，便辞别母亲，师从刘瓛。刘瓛的门生中，不乏家境殷实的权贵弟子，但一身寒衣的范缜不亢不卑，不畏权威，敢于发表不同的意见、独特的言论。权贵子弟都不喜欢他，恼恨他，不满他。

老师刘瓛却对范缜的风骨格外欣赏。当范缜20岁时，因范缜没有父亲，家里贫寒，刘瓛就亲自为他举行了冠礼，郑重庄严，感人至深，催人泪下。

有不少男子，还自己为自己举行成人礼，比如名士阮孝绪。更奇的是，他的举动，还得到了父亲的支持。

阮孝绪性格沉静，对世俗的世界向来淡漠，整日沉醉于山水间。等到了必须举行成人礼的那一天，他自己把帽子戴上了。然后，他去见父亲，对父亲说，自己想隐居山林，远离世俗。

他的父亲，像他一样平静，既不动怒，也不训斥。

之后，阮孝绪开始独居一室。除了问候父母，绝不踏出房门半步。家里的其他人根本见不到他。

阮孝绪属于大隐隐于市的名士。他的屋子，由树木竹林环绕；屋内，只有一张坐卧之具，粗陋简薄。御史中丞总想造访，但总是不敢去。他惆怅地望着阮孝绪的屋子，叹道，他的居所虽近，他的人却离尘世太遥远了。

阮孝绪的冠礼，桀骜不羁，代表了魏晋名士的独特风骨，是时风使然。

冠礼中的"冠"，不都是帽子。皇室及权贵中人，因为有钱，都会戴帽；平民百姓家中，因为无钱，只能戴巾。

冠，最初是束头用的，慢慢又演变为身份的象征。冠，也代表一种职业——艺人。

成人礼为什么重要呢？

因为它蕴含着深刻的意义：成人礼意味着，自己已经被家庭、家族、社会所认可；自己将独立承担人生的角色；有权对别人进行某些要求，可以行使某种权力等。如此，才能真正称得上是"人"。

因而，成人礼中包含着沉甸甸的社会责任感。

南宋时，元军攻打南宋，势头猛烈。衡州知州尹谷，知道南宋即将灭亡，便让两个儿子来见，提前为他们举行了冠礼。

旁人大惑不解，都说，兵临城下，不赶紧出逃，弄这些虚头巴脑

▼女子举行过成人礼后，头发必须挽成髻，如图所示

的做什么？

尹谷铿锵道，要让儿子们加冠去面对地下的列祖列宗。

城破的时候，尹谷带着两个儿子自焚身亡，以一身忠义殉国。

相对于男子的冠礼，女子的笄礼，就不那么隆重了。

女子举行笄礼，是为了告诉世人，自己到了该嫁的年龄了。

笄礼开始后，女子便不能随意梳发式，而要把头发盘起来，梳成一个髻，用黑布包住，再带上发簪。

如是，成人礼就算是举行完了。

女子的笄礼，也称"上头"。

东晋的无锡，有一个叫华宝的女子。她8岁时，父亲被征去服兵役。临走的时候，父亲对华宝说："一定要等我回来，亲自给你上头。"

不幸的是，战事激烈，华宝的父亲战死沙场，永远逝去了。

华宝得知噩耗后，痛不欲生，一生都没有举行笄礼，一生也没有出嫁。直到70岁的时候，她依然梳着少女的双髻；当别人无意中提起她的父亲时，她总是不能自已，双泪横流。

女子的成人礼，在明朝时被废除了。但在民间，笄礼的影响还在延续。女子在出阁梳妆时，依然称为上头；在婚礼前夕，女子的修眉、开脸等仪式，也含有成年礼的意思。

扩展阅读

古代牧羊人有约定俗成的习惯，从不太早放羊，专等太阳升起后才放。因为夜间会有寄生虫附在草叶上，羊吃露水草时，会将寄生虫吞下，导致患病，且传染极快。

◎一点儿也不纯洁的童谣

童谣对风俗的影响，不容忽视，极为重大。

它以一些历史事件为题材，经过修饰，加工而成；通常是一些短诗，强调格律和押韵；以口头的形式传播。

童谣至今已有近3000年的历史。最早的童谣，被认为能够预示命运和世故。

春秋时，晋国国君向虞国借路，要去攻打虞国的临国——虢国。

虞国大夫宫之奇反对借路，再三劝阻虞国国君。他说，若是借了路，晋国灭了虢国后，虞国失去依傍很孤立，也会被晋国吞掉。

▼《婴戏图》局部，中间小童手持风车

虞国国君不听，因为他收了晋国的大礼，被晋国蒙蔽了。

宫之奇预料到将有惨剧发生，便离开了虞国。

虞国境内，一夜间，流传起一首童谣。童谣里说，在九十月之交的时候，晋国就能攻陷虢国。

童谣预示了虢国的灭亡。事实也的确如此，晋国几乎没费力气地攻克了虢国。并且，正如宫之奇所预料的那样，在12月的时候，晋军路过虞国时，趁夜发起了偷袭，把虞国也消灭了。

古童谣一点儿也不纯洁，也不天真，它往往与国家政治、军事阴谋等捆绑在一起。

乱世时，童谣较多；盛世时，童谣较少；王朝初建时，童谣很少；王朝要灭亡时，童谣很多。这是政治格局决定的。

魏晋南北朝时，内外战争频繁，国家政治黑暗，你争我抢，四分五裂。各个政权为扩张，会利用童谣宣传政治主张。这一时期的童谣，又多，又奇特。

童谣威力巨大，它甚至可以致人于死地。

公元570年，北周的大将韦孝宽镇守边境。他接到探子快报，说北齐的大将斛律光在边境对面大兴土木，建起了整整13座城池，绵延500多公里！

韦孝宽大为震惊，显然，斛律光在为攻打北周做准备。

韦孝宽决定，先发制人，趁斛律光还没做好万全准备时，进行偷袭。

岂料，出兵不利，韦孝宽损失了不少将士。

▲《婴戏图》中，左前有一个玩具车，车内有人偶；一个小童还拉着小兔形车，显示了古代科技的进步

斛律光时任北齐丞相，能文能武，一人可保一国。韦孝宽不敢再正面进攻，便想转变战略，从隐蔽战线上消灭斛律光。

韦孝宽了解道，斛律光在北齐有一些政敌，祖珽对他最不满。祖珽善于谄媚，讨好，颇得皇帝信任。斛律光耿直，担心祖珽影响到朝政，便辱骂祖珽。祖珽视力有缺陷，视物不清，斛律光斥责他，"盲人用权，国必破矣"。祖珽把斛律光恨得咬牙切齿。

韦孝宽想，自己可以利用祖珽和斛律光的矛盾，用离间术杀掉斛律光。

韦孝宽命人做了一首童谣。

童谣的大意是，斛律光手握重兵，随时都想造反，自己做皇帝，北齐的江山保不住了。

童谣传到了北齐，落入了祖珽的耳朵里。祖珽为报复斛律光，大力传播童谣，闹得满城风雨。北齐皇帝只有15岁，辨别是非的能力很差。他先是半信半疑，但架不住祖珽天天在旁边说三道四，于是便相信了。

这时候，斛律光的另一个政敌，也跑来煽风点火，说童谣所言是真。

皇帝愤怒起来，派使者去边境见斛律光。

使者告诉斛律光，皇帝要赠送宝马给他，要他回宫取马，与皇帝去游山。

斛律光接旨后，只得回转。

他进入宫门后，埋伏在宫门口的杀手突然跃出来，用弓弦勒住他的脖子。他不及挣扎就窒息而死。

他的家眷也全部被杀。

这样一来，韦孝宽的目的算是达到了。

斛律光死后6年，北齐因无人支撑，被北周所灭。

在斛律光之死中，童谣堪称一件杀人工具，不见刀光，但见血影。

童谣的功能极大，它还能离间关系，能够讥讽泄愤。

唐朝有一首童谣，叫《选人歌》，里面有一句歌词是："案后一腔冻猪肉。"

这是什么意思呢？

原来，许多士子赶考时，虽然有才华、有识见，但坐在桌案后边的主考官却根本不懂得作文章、作学问，就好像一腔子冻猪肉一样，混沌迷糊，还不如平民来得清醒，贻误了人才。

这首童谣酣畅淋漓，痛斥了腐朽的世相。

明朝以前的童谣，大多是政治性的童谣，与儿童生活几乎完全不相干，童谣被作为一种斗争工具。明朝之后，真正反映儿童生活的童谣才面世。但政治性童谣，从未彻底消失过。

扩展阅读

汉朝之前，古人的食用油来自动物脂肪。带角动物的油，叫脂；无角动物的油，叫膏。脂硬膏软。汉朝之后，古人榨胡麻油、苣麻油，开始了食用植物油的历史。

◎孟兰盆会

孟兰盆会，读起来很拗口。它是什么意思呢？

"孟兰"，是梵文音译，意思是"救倒悬"。

"盆"，就是盛装供品的器具。

"孟兰盆会"，就是解除死者的倒悬之苦。

佛陀在祇园精舍传道时，他的得意门生，"神通第一"的弟子目犍连，遇到了一件痛苦的事。

什么事呢？

原来，目犍连开了一道眼，看到他死去的母亲轮回到了饿鬼道中，由于长时间没有吃的东西，瘦得只剩下一把骨头。目犍连心里难受，他拿着钵，装满了饭菜，给他母亲吃。他的母亲左手端钵，右手去抓饭，但还没吃到嘴里，饭菜就化成了木炭。

目犍连伤心不已，痛哭失声，跑去求教师父佛陀，怎么才能帮助母亲逃离苦难。

佛陀告诉目犍连，他的母亲生前犯下了罪孽，靠他一个人的力量无法挽救；可在七月十五日——僧自恣日这一天，把日常物品以及各种美味放到盆里，诚心诚意地供养僧众，才能依靠他们的力量，拯救他的母亲。

目犍连按照佛陀的话去做了。他的母亲果然脱离了饿鬼道，顺利地往生天上了。

目犍连有感而发，问佛陀："我的母亲脱离了苦难，其他受苦的人也可以吗？"

佛陀说，只要虔心向善，谁都可以

▼端庄严慈的菩萨像，寄托古人美好愿望

利用这个办法往生。

自此，目犍连四辈弟子，都到处行善，布施盂兰盆法。

盂兰盆会传入中国后，因古人素来重孝道，盂兰盆会便得以盛行起来。

公元538年，梁武帝设了盂兰盆斋。此后，在七月十五日放焰火，给饿鬼布施食物、在河水里放莲花灯的民俗，便流传开了。

莲花灯里，还点着蜡烛。一朵朵地放入河中缓缓地漂流，烛光闪烁，默默地送水中的孤魂野鬼顺利往生。

七月十五日，又是道家的三元节之一。这一天夜里，烧法船、灵房，祈求平安，也都出现了。

灵房，是纸糊的房子；还连带着糊一些马车、伺候的丫头、仆人；还有骑着纸马的纸人，称为"赦马公"，与真人真马的大小一样。

之所以做纸人，是为了让它作为亡灵的领头人，提前到天帝那里报到，请求天帝赦免随后而来的亡灵。古人为了让它跑得快一点儿，还在纸马的嘴里塞上真实的草料，好像它真能吃饱似的。

唐朝人都很富裕，盂兰盆会也变得奢华了。河灯竟然用碧玉和翡翠装饰。

宋朝时，盂兰盆会简化了。宋朝人只是在盆中装食物，布施给鬼；捎带着焚烧一些法船，船上载着纸糊的鬼。

明清时，盂兰盆会更加清淡了。城里，也就是放放河灯；村中，便是给先祖上坟。

扩展阅读

甲骨文中的"年"字，上面是"禾"，下面是"人"，有如人背负谷物，代表五谷成熟、粮食丰收。这也是"年"这个节日形成的根源。年，在传说中，为一种怪兽。

◎装有琴弦的风筝

风筝是谁发明的？

无法确认。

最早，鲁班制造过一只木鸟风筝，飞了3天。

汉朝时，韩信放飞过牛皮风筝。

韩信在攻打项羽时，用了十面埋伏的计策，把项羽的楚军包围在垓下。为了破坏楚军的士气，韩信命人做了牛皮风筝，在上面绑上竹笛，在夜晚的时候，把风筝放飞。

风筝飞到高空，随风舞动，竹笛发出的哨音令气氛格外凄凉。

韩信又命将士们唱着楚国的民歌。楚军原本悲不自胜，再一听乡音，凄楚更深，思乡更切，军心涣散，没有了斗志。

就这样，名噪一时的项羽大败，在乌江边自刎身亡。

风筝帮助韩信打了胜仗。

史书称，后来，韩信还利用风筝来测量自己到未央宫的距离，试图挖掘地道，进入宫廷，进行谋反。

风筝最早被使用在军事上，它的名字，也不叫风筝，而叫鸢。

古代交通工具落后，信息化工具也落后，传递情报完全依靠人力。但是，这样很危险，一旦被敌人盯上，就是死路一条。另外，有些间谍在窃取情报后，也不可能亲自传递情报，否则会引起注意，节外生枝，导致潜伏不成功。

也正是因此，古人利用聪明才智，发明了鸢，作为传递情报的工具。

鸢不像信鸽那样需要驯养，制作起来也简单，操作也容易，不需要技术。

南北朝的简文帝萧纲，在文学史上影响极大，他倡导了宫体文学，为后世留下了宝贵的精神财富，但是，他却常受权臣朱异的排挤。有一年，叛军攻打宫廷，把王宫重重围住。萧纲想用鸢传递信息，召来城外的援军，朱异认为不妥当，不同意。萧纲盛怒，第一次大斥朱异，说他掌权误国。朱异便愤恨不言了。萧纲终于放出了鸢。援军及时赶到，解了一时之围。

鸢在军事中的确很实用，因为它可以飞得很高，即使被敌人发现了，也没有办法将其击落，无可奈何。

唐朝时，节度使田悦起兵谋反，包围了临洺城。守城大将张伾拒绝投降。他为了向援军传递信息，以便内外夹

▶《风筝图》局部，风筝轴线很先进

攻田悦，便叫人放了鸢传信。

鸢摇曳升空，飞过田悦的营地。田悦发现了，急忙叫人放箭。无奈，鸢高飞百余丈，神箭手也无法将它射落。就这样，鸢飘到了援军那里，成功地传递了情报。

鸢除了被应用在军事和间谍领域外，还用于检测气象等。

直到隋唐时期，古人才开始用布糊鸢，给小孩玩耍，成为游戏玩具。

纸鸢出现后，有人别出心裁，还在纸鸢上安装了琴弦。当纸鸢飞起来的时候，琴弦会随风发出筝鸣般的声音。就这样，纸鸢才被正式命名为"风筝"。

有琴弦的风筝，非常引人注意。名将高骈还特地作了一首诗："夜静弦声响碧空，宫商信任往来风；依稀似曲才堪听，又被风吹别调中。"

可见，由于风力不同，风向不同，风筝发出的乐声也时刻在变幻。

清明时节，宋朝人在放风筝时，还把风筝的线剪断，以便让风筝带走一年的霉运。

明清时，风筝业已"成熟"。风筝的形状，类似于"瓦片"，因而，也被称为"屁股帘"。放风筝的习俗，到今天还存在着。

扩展阅读

　　古人在伏日、冬至时，闲着静处，是为避忌三伏大暑、三九大寒。古人在上巳、重阳时，踏春野游，是为放松身心。汉朝之前，节日祭祀与节日休息分得不太清楚。

◎剪出来的历史

秋季的一天，年幼的周成王与弟弟叔虞在梧桐树下嬉戏。秋风吹来，梧桐叶落，周成王捡起一片叶子，用刀刻了一个"圭"字形，递给叔虞。

他对叔虞开玩笑，说："给你玉圭，我封你为诸侯！"

叔虞欢喜不尽，拿着梧桐叶玩得更起劲了。

大臣史佚听说后，赶快换上礼服入宫，给周成王贺喜。周成王大惑不解，史佚解释道："刚才我听说已经册封了叔虞。"

周成王笑起来，说："那是一时兴起，跟叔虞开的一个玩笑罢了。"

史佚躬身道："自古君无戏言，身为天子，说话怎么能如此随便？"

周成王这才意识到事情的严重。他严肃起来，将唐地封给了叔虞。

剪桐封弟，其中的"剪桐"，可以看作剪纸的雏形。

▼镂花精细的十二生肖剪纸

汉朝人不仅用树叶剪出各种图案，还用金箔、皮革、绢帛剪出花纹。"汉妃抱娃窗前耍，巧剪桐叶照窗纱"，是汉宫里的常见一幕。相互赠送这种小玩意儿，是为了祈求平安吉祥。

造纸术发明后，剪树叶就变成了剪纸。

魏晋南北朝时，许多大人

物，如王羲之、王献之、顾恺之等人，都嗜爱剪纸。他们名声很大，也对剪纸起到了推波助澜的作用。

古人把正月初一这天，视为"鸡日"，把正月初七这天，视为"人日"。在人日，古人会用7种蔬菜熬汤，还用五色绸剪成人的形状，贴在屏风上，也可戴在鬓角上。这叫"春胜"、"人胜"。有的女子，还会剪出鸟、花、蝶形状，插于发髻间。

剪纸的流行，不仅是一种节俗，还被用于辞旧迎新、驱除凶兆、装饰美化。

也有人把剪纸下葬，作为对亡魂的陪葬。

也有用剪纸招魂的。杜甫就作诗曰："暖水濯我足，剪纸招我魂。"

▲象征春信的水仙花剪纸

剪纸中，人物总是很夸张。尤其眼睛，超常地大，且多变形。

剪纸先后与丝绸融合，与陶瓷融合，与岩画融合，容纳了民族民情，沉淀着深厚的人文思想。

今天，剪纸常被贴在窗户上、门楣上，这就是"窗花"和"门笺"。

扩展阅读

人日，也是思乡之日。唐朝诗人高适在蜀州时，杜甫去看他，他写诗道："柳条弄色不忍见，梅花满枝空断肠……今年人日空相忆，明年人日知何处？"杜甫不禁"泪洒行间"。

◎ 七夕本是别离日

众所周知的是，七夕是每年七月初七牛郎和织女渡河相会的日子，象征了美好的爱情。

鲜为人知的是，七夕其实是对远古婚恋习俗的一种纪念。

七夕包含了上古时"合男女"的风俗。

入汉后，七夕这一天又被视为离别日，是个禁忌日。

为了避免离别，为了让离家在外的女子能够回来，在七月初七这天，汉朝人会把沾有女子精血的布条，偷偷地烧掉，然后，把灰洒在门框的横木上。汉朝人觉得，这样就能使女子想念自己的家，返还家中。

▼汉朝已有在院中植树的风俗，图为树下纳凉

随着汉朝国势强盛，安居乐业者越来越多，七夕由凄惨的别离日、大凶之日，逐渐演变成了欢聚日、良辰吉日。

七夕时，古人不再闭门谢客，而是男男女女相会一堂，花花草草，蝶蝶燕燕，欢欢喜喜。

习俗的转变表现了古人对美好爱情和人生的向往，满足了他们的精神需求。

这之后，才有了牛郎织女鹊桥相会的传说。七夕，被赋予了情人节的色彩，又叫"女儿节"、"少女节"。

魏晋南北朝时，七夕成为重要的节日，衍生出了乞巧的活动。

乞巧，就是女子对着月亮穿针，或者在晚上把盛有蜘蛛的小盒放在窗台上，隔天早晨去看，根据蜘蛛结网的疏密，判断得巧的多少。

乞巧，可爱，有趣，代代相传，还增加了浮针乞巧的节俗。女子会在七夕日盛一碗水，在阳光下暴晒，直到水面上出现一层薄薄的水膜。之后，女子把针投在水面上，观察水底的影子。若影子为云、花、鸟兽、鞋、剪刀等，就是"得巧"。反之，便是不巧。有的女子没有得巧后，常会叹息，哭泣，心情抑郁。

浮针乞巧，又叫"丢针儿"。苏州的古人，最爱乞巧。他们在选择水时，特别讲究，要在七夕的前一天，用杯装鸳鸯水，再采集庭院的露水，加入杯中，天亮之后晒水。

乞巧时，还有女子用茉莉花枝、翠色羽毛做成小船放入流水中，象征牛郎和织女的鹊桥相会。

有的少女，还被用布裹住头。旁边有人震天响地敲锣打鼓，一直把少女震得昏迷了，让少女在昏迷中穿针乞巧。

在七夕民俗中，古人还会争汲七夕水。也就是，在七夕这天第一遍鸡叫的时候，争先恐后地去江边打水，储存，以便治疗热病。

七夕日，还要合药丸、暴晒衣服与经书。此俗流传至今。

不过，最有诗意的节俗还是：装满瓜果酒菜，放在阁楼上或院子里，瓜架藤蔓下，倾听牛郎织女的声音。

扩展阅读

邻居有枣树，枝杈伸到王吉家，王吉妻摘枣给他吃。他后来知道了，遂休妻。邻居不安，要砍枣树，王吉便接回了妻子，枣树得存。这表明汉朝已有在院中植树的风俗。

第四章
休闲的隋唐民俗

　　由于历史呈螺旋式发展，民俗史也具有一定的传承性。唐朝气度开放，海纳百川，容纳各个民族的文化，开明进步的思想，使前朝那些祛鬼、避邪等民俗，变成了游乐、游宴等休闲活动。这一时期的民俗文化，多样、包容、亲和，有兼容性，有内聚力，极大地影响了后世。

◎五色土埋藏的节日

社神勾龙，是共工的儿子。共工善于治理洪水，有一天，共工正在忙碌，不慎触断了天柱。

勾龙大惊，为弥补父亲的过失，他开始协助女娲补天。

他勤苦谨慎，艰辛劳动，立了大功，被封为"后土"，专门掌管四方土地。

土地，养育万物，是万物之母。古人依赖土地生存，对土地饱含深情，为报答大地之恩，便立社，祭祀掌管土地的"后土"，后土也就成为社神了。

社日由此而来，一直延续到现在，一些地方仍在延续这个祭祀土地神的节日。

平民有自己的社神，官员也有自己的社神，极为方便，极为随意。他们以立春和立秋后第五个戊日，作为祭祀的节日。

春天的社日，是祈求苍天大地，风调雨顺；秋天的社日，是庆祝丰收，感谢天地。

唐朝时，祭社要有五色土。

唐朝人会在地上搭个土台，叫"社"；然后，堆出方形的"社坛"；坛顶，分东、南、西、北、中五个方位，分别铺以青、红、白、黑、黄五色泥土。

▲《醉月图》中，男子大醉，小童费劲地搀扶归家

青土，代表大海；红土，代表红土地；白土，代表沙地；黑土，代表北部的黑土地；黄土，位于中间，代表黄土高原。

这天，世人相聚一起，宰杀牲畜，在树下，先祭神，再吃喝。

　　王驾写了一首叫《社日》的诗，说在鹅湖山下，庄稼长得很茁壮，家家户户的牲畜都没了，都捉去祭祀了；桑树的影子越来越长，一直闹腾到晚上，喝得醉醺醺的人，才开开心心、跟跟跄跄地搀扶着回家去了。

　　村民最喜欢社日，热闹、放松。这让朝廷很眼热，也跟着百姓学，也去祭祀社神。只不过，朝廷有钱，奢侈，添加了鼓乐。皇帝还准备了一大堆的美酒、海味、酒面、粳米、蒸饼等，一一赏赐给官员。

扩展阅读

　　新石器时代，古人建了许多小房子，在小房子中间又建了一个大房子，这是"明堂"的前身。部落首领在此讲授知识，学校因此萌芽。夏商的学校，就与明堂合而为一。

◎牙人：唐朝的经纪人

牙人，是一群像牙齿一样伶俐的人。他们的工作，就是联系买主和卖主，撮合商品成交。

他们相当于经纪人。

由于商品五花八门，有牛，有驴，因此，也有"牛经纪"、"驴经纪"等。

他们不用投资，无须本金，只要说得动听、好听，能撮合成就行了，就能从中提取"佣金"。

周朝就有他们的身影了。在那个遥远的年代，他们被称为"质人"。

汉朝时，他们被称为"驵侩"。

唐朝时，他们被称为"牙商"、"牙侩"、"牙郎"、"牙保"。中原人称他们为"说合人"、"经纪人"等。

马市的牙人，要有识别牲畜的本领，这样说起话来，才有分寸，有拿捏，有力度。王君廓就有这个本事。

王君廓出身贫寒，以贩马维持生存。

牲畜交易市场很特殊，骡马牛羊遍地都是，牛低沉的哞哞声，马高昂的嘶叫声，猪羊喧闹的哗叫声，交织在一起，没有一个地方是安静的。即便是大声喊着讨价，也听不清楚，而且，很不方便。于是，牙人们就把手放在衣角下，袖筒里，草帽下，捏指讨价。这种谈价，好像打哑语，既像划拳，又似握手，只限于两人之间进行。王君廓在捏价上就特别在行，出神入化，即便旁边有人，离他很近，也不知道。

▲图中马目光炯然，肢体健壮，让观者喜之不尽

　　捏指议价，土得掉渣儿，但却是古代交易的活化石。它适合嘈杂的环境，因此，一代又一代地流传，从未断绝。

　　王君廓在捏价时，总是先给卖方一个价格，然后再向买主讨价还价。

　　他给卖家的价格，是6文钱，但他告诉买主时，却说成20文钱。买方觉得价高，开始讨价还价，还价到14文钱。他转身再告诉卖家，说他给卖家提到了10文钱。就这样反反复复，他转来转去，谈了很多次，等到买家和卖家价格都差不多了，他再从中游说，达成交易。

▲相马术在古代颇为流行

　　王君廓懂得相马、相牛、相羊的知识，所以，在捏价时，得心应手。在双方成交后，他会从买家和卖家那里，各得一份佣钱。

　　王君廓不做牙人后，去参了军。他有勇有谋，竟成了唐朝的开国功臣之一。按例，他应该列入凌烟阁的名臣行列，但是，由于他狡诈多变，未被选录。他聪明反被聪明误，最后落了个身败名裂的下场。

　　唐末五代时，牙人多有道德败坏者，不诚实，也不讲信用。

　　有些牙人，在对待客商时，开始态度很好，一旦客商把货物交给他们处理，他们便不断地拖延货款，态度也冷淡下来。更可气的是，有的牙人还会把货物藏起来。

　　牙行作为一个商业机构，要求牙人"不强人，不强货"，即不强行拉拢客商。但有些牙人压根不理，以拜访客商为名，强行做客商的经纪人。

　　这是牙人史中的糟粕。

扩展阅读

　　唐朝人能利用热资源，栽培蔬菜、食用菌；还从尼泊尔引进菠菜，从中亚引进扁桃，从东南亚引进菠萝，从北非引进海枣，从非洲引进西瓜；还买卖花朵致富。

◎茱萸的内涵

战国时，每年的九月初九，古人都去"踏秋"。唐朝时，这一天被正式确立为节日。九月初九的踏秋，与三月初三的踏春一样，都是倾室而出来到旷野。只是，踏秋时，要登高"避灾"，在桂花香中，插茱萸，赏菊花，饮美酒。

这个节日，就是重阳节，也是祭祖的节日。

唐初时，王勃去看望父亲，途经马当山。那是重阳节的前一日，王勃入山游赏。他遇上一个老者，相谈甚欢。

老者见他才华卓著，便说："南昌的都督正在召集天下英才，准备在重阳节写'滕王阁序'，你年纪虽小，但腹有才华，若去南昌，没准儿能一举成名。"

王勃遗憾地说："明日就是重阳节了，这里离南昌有700多里地，我恐怕赶不到。"

老者说："我来帮你，你勿虑，只管写好'滕王阁序'就行了。"

▲《重阳风雨》，右侧挑担人正在登高上山

王勃来了兴致，在老者的帮助下，乘上了快船。他顺风顺水，在重阳节的傍晚，到达了南昌。

南昌的都督，想让自己的女婿一举成名。他拿出笔和纸让才子们写，但人人都知道他的意思，没有一个人接茬儿。

王勃初生牛犊不怕虎，兴致正高，哪管这些，他接过纸笔，一点儿都没有谦让的意思。都督一看，觉得王勃简直不知天高地厚，便想着让王勃出丑。

于是，都督命令一个侍从站到王勃身边，等王勃写一句，侍从就念一句。

刚开始的几句，都督感觉一般。但是，当侍从念到"落霞与孤鹜齐飞，秋水共长天一色"时，都督面露惊讶之色，不禁拍桌而起，脱口而出：真是天才啊！

王勃从此名震天下。

诗人多偏爱重阳节，王维也在重阳节留下了著名诗篇——《九月九日忆山东兄弟》。

诗曰："独在异乡为异客，每逢佳节倍思亲。遥知兄弟登高处，遍插茱萸少一人。"

这首诗的确是千古绝句，它真切地传达出思乡的感觉，几乎每一个人都能与它产生共鸣。

在九月初九这天，爬山野炊、散掉晦气，是重要内容。

人在山上，可以感受到四季的变迁。但此日为秋天，临近冬天，是疾病的高发季，古人便以此为晦气，认为阴气过重，滋生鬼神，所以，便称此日为"重阳"。意思是，阳气重了，就可以抵抗阴气。

古人之所以插茱萸、喝菊花酒，都是为了避邪，为了预防自己遇上不好的东西。

插茱萸避邪，是一种迷信。但茱萸的确能治病。

春秋时，吴国弱小，每年都要给强大的楚国进贡。楚国看不起吴国，当吴国把一种叫吴萸的植物献给楚王时，楚王看不上眼，颇不满意。

楚王的身边有个医术高明的朱大夫。他告诉楚王，这种植物能治

▼ 菊是重阳节的主角之一，图中男女都头簪菊花

胃寒腹痛，是很好的药材。楚王半信半疑，怒气稍微平息了一些。

第二年，楚王恰好腹痛，朱大夫就把吴萸拿出来给楚王煎药吃了。没想到真的很管用，楚王的腹痛好了。

楚王高兴地让人去重谢吴王，并种下了很多的吴萸。

由于朱大夫深谙吴萸的药性，还治愈了很多患上瘟疫的人。百姓感谢朱大夫，便把吴萸称为"吴朱萸"。这就是茱萸。现在，它仍为医学默默做着贡献。

扩展阅读

宋朝人认为，"天"并不虚无缥缈，而是真实可感，可触可摸。天是4种东西：朝廷是天，父母是天，自身是天，日月星辰、风雷雨露也是天，因为它们孕育了生灵。

◎ 小俚语，大门道

在唐睿宗的皇子中，有二子最出色。一是长子李成器，二是三子李隆基。

李成器才华横溢，精通乐器、乐曲，还做过杨贵妃的音乐老师。

李隆基有勇有谋，在讨平叛乱时，功劳最大。

按照立嫡制度，唐睿宗应立长子李成器为太子。可是，唐睿宗考虑到李隆基也很优秀，未免有些举棋不定，左右为难，颇是苦恼。

李成器看出了父皇的为难，便做出了一个决定——让位给弟弟李隆基。

他来到唐睿宗跟前，请求父皇册立李隆基为太子。

唐睿宗犹豫不决。李成器便每天泣诉，言辞甚为恳切。

唐睿宗深深地感动了，同意了李成器的想法。

李隆基不干，再三推脱。李成器又劝说弟弟，语重心长，真诚亲切。最终，李隆基成为了皇太子。

李成器与李隆基手足情

▲《醉归图》中，醉者被背回家，显示了古人对酒的嗜好

深，互相扶持，成为佳话。唐睿宗甚感欣慰，特意建了一座楼阁，题曰——"花萼相辉之楼"，寄望兄弟二人能够永远和睦，就像花和萼那样相依、相偎、相生。

当李隆基登基，做了皇帝后，李成器被封为宁王。

公元741年11月，天气寒冷，冻雨潇潇，雨水落在树上，结而成冰，数日不融，满树都是冰溜子。这奇异的气

▲《莲生贵子图》，莲谐连音，寓意后代繁多

候，让人生畏。有人便讲俚语道："树稼，达官怕"。

"树稼"，在春秋时，被称为"雨木冰"，意思是，北方的冬天到处凝结着霜、树枝也结着冰；隋唐后，被改称为"树介"，百姓称它为"树嫁"。

当树稼现象出现时，似烟非烟，似雪非雪；道路被湮没在白茫茫的雪雾中，一丈远的地方看不清东西；草树都支棱着，蒙着白色的雪霜，就像送葬时的幡幢宝盖。所以，才有了"达官怕"之说。意思是，这样的日子，是显赫的官员的忌讳之日，会有死亡现象发生。

李成器也注意到这种特异的天气，他也不自觉地叨咕着，"树嫁，达官怕"，但并未往心里去。

结果，俚语风行没几天，就有一个大人物死了。

他就是宁王李成器。

22日，李成器病逝的消息传到宫里，李隆基闻讯号啕大哭，心如刀割。侍从见了，也都掩泪。

李成器之死，被一些人附会到俚语上。其实，这只是巧合而已。李成器死时已经63岁，是老病而死，与俚语无关。

俚语中，蕴含着深厚的民俗文化。"树嫁，达官怕"中，就来自于"天人感应"观，是自然现象、自然规律与人的吉凶祸福结合后，创造出来的产物。

俚语，包含着对社会、对生活的直观领悟，传达着古人的处世之道。它的产生，有着深刻的历史文化背景，渗透着细腻的风俗习惯和文化心态，因而，它不仅具有时代性，也具有民族性。

有的俚语，来自于对地理环境的认识。

在岭南，有一个北流县。县城南边20里远的地方，有两块巨大的黑石，相隔30多步，被称为"鬼门关"。这里，流行着一句俚语，即"鬼门关，十人九不还"。意思是，此处险恶，陡峭，瘴疠横生；来到这里的人，很少能活着回来，显示了生存环境的恶劣。

每一年，在山西平陆，漕运经过河道时，由于水中有山，名"米堆"，总会使船撞上、失事。50%的船只，都在这里沉没。船队常雇用当地人作为门匠。因此，有一句俚语说——"古无门匠墓"。意思是，雇来的门匠们，都随着沉船下落，淹死在水中，没有坟墓。

可见，小俚语中，有大门道、大讲究、大乾坤。它以细小的姿态，以随意的方式，陈述着大社会、大时代、大历史。

扩展阅读

从远古到唐朝，求雨之俗从未停过。唐朝祈雨，以酒祭祀。人人都喝酒，酒像河水一样，从早流到晚，用酒量令人咋舌。敦煌祈雨时，则以童男童女祭水神，乃陋俗。

◎ 接班的门神

门神的始祖，是神荼和郁垒。他们年龄很大，在上古时就存在了。他们的神像，被古人贴在门上，虽然不是正式的门神，但也起了门神的作用。

到了唐朝时，神荼和郁垒退居二线了，有人接替了门神的班。

他们就是秦叔宝和尉迟恭。

秦叔宝和尉迟恭，是唐太宗的得力部将，曾跟随唐太宗东征西讨，夺得天下。一年，唐太宗生病，梦里常听到鬼哭狼嚎，分外凄厉。他整晚不得安睡，疲惫不堪。秦叔宝和尉迟恭便毛遂自荐，请求当他的贴身侍卫，夜里保护他。

秦叔宝和尉迟恭全副武装，肃立在官门两侧，严加防守。唐太宗内心安定，睡觉时安稳多了，鬼哭狼嚎的声音也消失了。

但是，让两位大将军天天站岗，非常辛苦，不太合适。于是，唐太宗便命画工将二人的威武雄姿画出来，贴在官门上。

他们的画像，就叫"门神"。

民间也纷纷效仿，用他们的画像做门神，让厉鬼不得进门。

这也反映出皇帝对民俗的巨大影响。

▲ "守卫"着沈阳故宫的门神

秦叔宝和尉迟恭作为门神，风光了一阵后，又有一个人来接他们的班了。

此人是钟馗。

钟馗是一个才华出众的人，但样貌粗犷，不像一个读书人。他进京赶考时，碰到大学者韩愈和陆贽做考官。这两人对钟馗非常满意，把钟馗排在第一名。

皇帝召见钟馗，却不太高兴，因为钟馗的长相很野蛮，豹头虎额，狮鼻环眼，还满脸虬须。皇帝不满意地说："朝中岂能有如此丑陋之人存在？"

韩愈劝说道："人不可貌相，海水不可斗量。"

丞相也在一旁，他对才智之人向来妒忌，便怂恿皇帝，罢黜钟馗，另选他人。

钟馗再也忍耐不了了，大声怒斥丞相昏庸。他说着说着，怒不可遏，挥拳就去打丞相。他性情刚烈，之后，便自刎身亡了。

▲《钟馗捉鬼图》，钟馗口含剑，脚踏鬼，威风凛凛

一个奇才就这样瞬间死了，皇帝也觉得自己太过分了。他于是下旨，将钟馗以状元的身份下葬，封钟馗为驱魔神。

不过，这时候，钟馗尚无过高知名度。直到唐玄宗继位后，才发生了转机。

有一次，唐玄宗病了，卧床一个多月。昏睡时，他梦见两只鬼，一大一小。小鬼穿着绛色的衣服，长着牛的鼻子，光着一只脚，另一只脚穿着破鞋。小鬼潜往唐玄宗的内室，去偷香囊和玉笛。唐玄宗害怕，在宫殿里绕着圈子躲避鬼的追赶。这时候，一个大鬼出现了，头上戴着帽子，身上穿着蓝衣裳，一只手袒露出来。只见大鬼大步上前，一把擒住小鬼，把小鬼的眼睛挖出来，然后，把小鬼吃了。唐玄宗惊惧地问：你是谁？大鬼说：我是钟馗，前来为皇上清除恶鬼。

唐玄宗骤然醒来，病居然神奇地好了。

他召见画师吴道子，让吴道子把他梦中的大鬼画出来。吴道子不到一炷香的时间，就画出来了。唐玄宗一看，正是自己梦中所见，龙颜大悦，赐吴道子百两黄金，并诏告天下。

百姓们一想，皇帝的病是钟馗治好的，小鬼是钟馗吃掉的，用钟馗的神像来把守门户一定没错。于是，民间纷

▶以尉迟恭为原型所绘的门神
▶以秦叔宝为原型所绘的门神

纷用钟馗做门神，驱邪避鬼。

不过，秦叔宝和尉迟恭虽然风头不再，但也并未完全退隐，仍旧时不时地出现在门扉上。

在唐朝之前，绘制门神需要专业的画工。由于门神需求火暴，而专业画工又不多，所以，门神总是供不应求。很多人没机会贴门神，便把门神的名字写出来贴在门上。

到了唐朝，印刷术发达，门神被刻成模版，大批量生产。门神都画得很好看，可美化门户。

起初，古人在桃木板上写门神的名字，后来，又在上面写一些吉利的句子，这便形成了对联。桃木板失去了驱邪避凶的原始意义。

扩展阅读

春联、门神、年画，都是年俗节物。明朝开国皇帝朱元璋微服出行，见一家没贴春联，知道主人是阉猪的，便替他写了对联："双手劈开生死路，一刀割下是非根。"

◎ "放夜"了

公元815年6月3日，黎明时分，丞相武元衡去上朝。

他走到途中，侍从拿着的烛火突然灭掉了。是被箭射掉的。随之，又有飞箭过来，射入了他的肩膀。

接着，从黑黝黝的树阴里，蹿出几个人，用木棒击打他的左腿。

他的马被劫持了，走了10多步远。刺客挥刀砍向他的头部，割下他的头颅，转眼消失在暗影中。

就在同一时刻，在另一条街上，御史中丞裴度也遭到了刺杀。裴度身负重伤，浑身是血，栽倒在沟里。刺客以为他死了，快速地离去了。

唐朝的宵禁一向严格，周遭静寂，茫茫夜空，只有无声的圆月。时不时的，有执金吾率领街使，在各条街上巡逻。只是，在凶杀案发生时，这些负责警卫京城的人，恰好巡查在其他街道上，没有遇见。

此事发生后，宵禁更加严格了。

不过，宵禁虽严，但在元宵节前后，却允许解禁，允许连放3夜花灯。

农历正月十五，是元宵节，又称上元节。

正月，作为元月，古人称之为"宵"，所以，叫元宵节；十五日，是一年中第一个月圆之夜，是大地回春之夜，是春节的延续，所以，又叫"上元节"。

它起源于火把节。汉朝时，古人手持火把，在野地里、田垄间，驱赶虫兽，乞求减轻虫害，有好收成。后来，它演变成了元宵节。当此之日，千门开锁万灯明，谁家见月，都不闲坐。无论是王公贵族，还是平民百姓，都夜里出门，观赏花灯。

人海苍茫，人流如织，挤得车都不能调头。人都难以

▲元宵是上元节的特色食品

▲玲珑奇巧的上元节花灯

转身，一旦抬脚，就很难找到落脚处。甚至，有的人被挤得悬空而起，奇异地"浮行"了几十步后，才着了地。

唐朝的灯节盛况，源于强盛的经济。

唐玄宗还制作了一个巨型的灯轮，高20丈，缠绕鲜艳的丝绸锦缎，装饰璀璨的黄金白银，悬挂5万盏花灯，像一棵大花树，缤纷锦簇，霞影朵朵。

同时，还有几千个宫女，穿着罗绮，曳着锦绣，插着珠翠，敷着香粉，在灯轮下轻歌曼舞；还选拔了1000多个民间女子，在灯轮下踏歌。

接连3日，不停不歇，盛况空前。

宋朝时，放夜活动，依旧繁盛。

由于洛阳的灯会很有名，司马光的夫人也想去看。司马光说："家里也点灯，出去看什么？"夫人说："不光看灯，也看游人。"司马光说："看人？怪了，难道我是鬼吗？"夫人吃吃地笑，便不去了。

司马光道德高洁，且不纳妾。他与夫人相伴30年，夫人始终没有生育。夫人欲给司马光纳妾，司马光不理。她又偷偷安排美貌丫鬟侍奉司马光，司马光生气地喝斥丫鬟："夫人不在，你来作甚！"就这样，司马光与夫人相依为命。当灯会璀璨时，二人就在家中孤灯下度过。

这是辉煌的放夜活动中，最独特的一个例子。像他们这样的人，是非常罕见的。就连大词人辛弃疾都未能免俗。

辛弃疾用一首词，描写了放夜的盛况："东风夜放花千树，更吹落，星如雨。宝马雕车香满路。风箫声动，玉壶光转，一夜鱼龙舞。"

▲现代人制作的上元节花灯：金牛腾跃

▲现代人制作的上元节花灯：猴子摘桃

明朝的灯节，更加"放肆"。初八点灯，正月十七落灯，闹腾了10天，是历史上最长的灯节。

元宵节时，还要吃元宵、猜灯谜等。

灯谜难猜，有如老虎难射。所以，灯谜也叫"灯虎"、"文虎"。

灯谜的制作，需用巧思，是中国独创的文学艺术。

乾隆皇帝在一次灯会上，让大臣们出谜联。纪晓岚在宫灯上写道："黑不是，白不是，红黄更不是。和狐狼猫狗仿佛，既非家畜，又非野兽。诗不是，词不是，《论语》也不是。对东西南北模糊，虽为短品，也是妙文。"

乾隆皇帝冥思苦想，大臣们抓耳挠腮，都猜不出来。

纪晓岚自己揭了谜底——猜谜。

▲现代人制作的上元节花灯：福寿仙鹤

▲复原的人物显示了上元节夜游的场面

扩展阅读

下元节是农历十月十五，它与道教有关。道教把自然界分为天界、地界、水界，并予以人格化；古人便把下元节视为"水官的生日"，在此日祭祀，祈求赐福。

◎鸡有多神气

郈昭伯是鲁国的大夫，季平子是鲁国的执政，他们都酷爱斗鸡。一日，他们相约来一场斗鸡赛。

这种比赛，蕴含的意义很大。虽然斗鸡赛的主角是鸡，但两方相斗，胜的一方等于彰显家族威风，而败的一方相当于给家族抹黑。所以，他们都想得胜，便都在背后偷偷做小动作。

郈昭伯给自己的鸡做了副铁手套；季平子给自己的鸡做了一套皮背心。不管是手套还是背心，做工都极精细，鸡穿上后，合身而不易察觉。

比赛开始后，谁都没有看出彼此做了手脚。

郈昭伯的鸡，戴着铁爪子，力道十足，将季平子的鸡的背心撕破了。至此，双方这才发觉了奥秘。

季平子战败，破口大骂；郈昭伯获胜，但也备受侮辱。二人成为仇敌。

▼斗兽出现在3000多年前，图为斗鸡

季平子为了报复，强行侵占了郈昭伯的一些土地。郈昭伯气愤之余，参与了讨伐季平子的战争，从而引发了历史上一出非常有名的大战。

因为斗鸡，酿成了一场战役，这在历史上是颇为特殊的。

斗鸡的习俗，一直延续下来。除了斗鸡外，还有斗蛐蛐、斗鸟、斗其他动物。古人对动物的搏斗，兴趣极大。

唐玄宗李隆基就酷爱斗鸡。他命人在皇宫旁边建了个养鸡场，然后在禁卫军里精心挑选了500个少年，又在集市精挑了无数雄鸡，让少年对雄鸡进行专业训练，使鸡个个精神抖擞，英姿勃发，像一排排战士。

斗鸡者利用各种手段，想让自己的鸡战无不胜。

狐狸爱偷鸡吃，鸡闻到狐狸的味道，就会害怕，于是，有人就在自家鸡的鸡冠上抹狐狸油，以吓退别人的鸡。

还有人在鸡头上黏贴上细小的刺条，以便搏斗时，能刺伤别人的鸡。

还有人在鸡身上抹芥末，把芥末涂洒到羽毛里，等鸡翅膀一扇动，芥末就会扬飞，会弄伤别人的鸡的眼睛。不过，这也会造成自家鸡的损伤。

还有人在鸡背上，涂抹胶水，再涂抹一层薄薄的细沙。这样一来，雄鸡的背部，就会变得十分坚硬。别人的鸡啄过来，只会断了自己的嘴巴。

古人为了斗鸡得胜不择手段。斗鸡还成为飞黄腾达的一种方式。

有一首童谣中的两句是："生儿不用识文字，斗鸡走马胜读书。"这个童谣说的是贾昌。

贾昌不足7岁时就能听懂鸟语；对于斗鸡，更是从小就喜欢。但他家穷，雄鸡又太贵，他便用手雕了几只雄鸡来玩。一个偶然的机会，唐玄宗发现了贾昌的嗜好，便将他带进宫，到养鸡场，训练雄鸡。贾昌懂鸡，只需瞧一眼，就能知道鸡的情绪。唐玄宗由此把他提拔为兵长。在他的带领下，鸡变得能听懂人话，他也被叫做"神鸡童"。

每年元旦或清明节，朝廷都要举行大典。在这些活动上，贾昌会头顶精美的鸡冠，身穿昂贵的绸缎，立于场地正中。他扬手一飞鞭，雄鸡们只只鸡毛竖立，进入备战状态。在搏斗之后，胜败已定，他又是一飞鞭，雄鸡们便自

▲ 动物间的搏斗，颇能引起古人兴趣，图为唐朝人观看鸟捕蝉

动归队，胜者在前，败者在后，十分神奇。

贾昌12岁时，随唐玄宗去泰山封禅；远行中，还带着200只斗鸡，惊得人目瞪口呆。

贾昌的父亲去世后，唐玄宗允许他护送父亲的棺木安葬。一路上，有官兵开路、接待，风头无限，十分光耀。

贾昌的遭遇，让许多人羡慕，斗鸡业也更加发达了。有钱的就斗真鸡，没钱的就斗木鸡。

斗鸡反映出，唐朝社会推崇任侠使气、争勇好胜，从中也可略窥盛唐的繁荣。

扩展阅读

枣娇贵，若染雾气，会被雾伤。古人便在枝上放布条、秸秆，让雾快散。摘枣时，要连枝摘，避免伤害枣；然后，通风，散湿气，入缸，烧火蒸干湿气；再铺一层草，放一层枣。

◎半个仙子的游戏

秋千的雏形，出现在远古时期。

原始人为求生存，常常要抓捕动物，或者采摘树上的果子。为了加快奔跑速度，并爬高攀登，他们学会了用手抓住有韧性的树枝，凭借枝条的晃荡，把自己送到更远或更高的位置上。

这就是秋千的最初模样。

春秋时，齐国攻打山戎，追杀到山戎的大本营——深山野岭中，把山戎打得落花流水。这时，齐国人注意到，常年出没在林中的戎人，用树藤为索，架以短木，人站在上面，或坐在上面，悠来荡去，既能嬉闹娱乐，也能锻炼武力，还能采摘高处的果子和嫩芽。

齐国人又惊又喜，觉得很有意思，把这个发明带回了中原。经过改进，出现了利用绳子、板子制成的真正的秋千。很多诸侯国都把秋千作

◀像仙子一样飞舞的荡秋千

为练武的工具。

古时候，绳子的制造，常用动物的毛皮。因而，秋千的繁体字——楸韆，偏旁是"革"字旁。

汉武帝时，一次庆贺寿辰，后宫荡秋千，恭祝"千秋"。后世便将"千秋"倒读，成了秋千。

秋千流行起来，特别是春天时，裙裾飘飞的女子坐在秋千上，相互推荡，美不胜收。人称"打秋千"。

唐宋时，秋千演变成庆祝节日的民俗之一。每到清明节，必荡秋千。宫中，也支起了秋千架，侍女们坐上秋千，来回摇摆。霓裳随风飘动，若仙女下凡飘下云朵。唐玄宗看着，目不转睛，被吸引住了，情不自禁地说："半仙之戏"。

谁不愿意当"半仙"呢?

尤其是，荡秋千可"摆疥"，治疗倦怠、疾病，还可"释闺闷"，解除烦闷。所以，荡秋千几乎成了女子的专利。

她们成群结队地荡秋千，时常飞荡到与树梢平齐，引得诗人们驻足、流连，诗意浓重。

韦庄诗曰："满街杨柳绿似烟，画出清明三月天。好似隔帘红杏里，女郎撩乱送秋千。"

李山甫诗曰："风烟放荡花披猖，秋千儿女飞短墙。"

王建诗曰："长长丝绳紫复碧，袅袅横枝高百尺……回回若与高树齐，头上宝钗从堕地……"

秋千入诗，美得缥缈。

🐍 扩展阅读 🐍

掷钱，又叫跌成，是把一些铜钱抛掷到地面上，看正面反面的比例，以定输赢。这种博戏，起源很早，盛行于明清，游戏者多为底层游手赌博之辈，若输，就当襦裤。

◎清明：半是泪，半是笑

诗人崔护样貌英俊，这年，他独自一人前往长安的南庄踏春。不经意间，他走到一户小院前。房子周围，草木茂盛，桃花盛开，静谧幽然。崔护走得口渴，便来至门前，想讨水喝。

一会儿，一个女子出现在门口，手中持水。

女子倚门而立，娇柔可人。崔护与她对视，瞬间，互相吸引，好像有了深深的情意。

崔护情不自禁地说了些大胆的话，女子没回应，只是目不转睛地看他。

他喝完水，要离开了，女子送他，依依不舍。

来年，同一日，崔护还念着那个女子，便再去拜访。然而，庭院如初，桃花依旧，房子却已上锁，人去院空。

崔护十分失落，他即兴写了一首诗《题都城南庄》：去年今日此门中，人面桃花相映红。人面不知何处去，桃花依旧笑春风。

这个典故，发生在清明节。

清明节，是二十四节气之一，位于整个春天的中段，也是冬至后的第一百零八天。在传统文化中，108象征祥和、圆满、永恒、深奥，是个大数字，这说明清明节寓意重大。

▲清明过后，便是春耕，图中农人在翻地撒种

清明节经历了2500多年的时光，在周朝时，王室会在这一天举行祭祀大典，祭奠祖先。

"清明"这两个字，是如何来的呢？

▲《牧牛图》生动可爱，牧童拼命推牛，牛纹丝不动，毫不在意

▲清明时节也是放牧时节，图中牧童蹲在牛背上

春分过后，天气转暖，春意浓重，天朗气清，天空澄澈，所以，用"清明"来称呼这段时间。

清明是个节点，它的到来，表示播种之季到了，所谓"清明一到，种瓜点豆"。

清明这天，古人忌讳使用针线，忌讳洗衣服，忌讳女子出行。夜晚到来之前，他们会在自家门口撒一道灰线，阻止鬼魂进入宅院。

清明节的前一两天，是寒食节。"清明扫墓"，原本不是清明的习俗，而是寒食节的习俗。但因为寒食节紧挨着清明节，渐渐地，人们便把扫墓纳入清明节了。

这一天，上坟的人流络绎不绝。他们清除坟上的杂草，洒酒以告慰远逝的灵魂。

杜牧写了一首诗《清明》：清明时节雨纷纷，路上行人欲断魂。借问酒家何处有，牧童遥指杏花村。

清明上坟时，正值大地回春，花红草绿，孩童便奔跑在风中放纸鸢；还有人荡秋千、蹴鞠、拔河等。

在桃花盛开、依依垂柳中，

还常有浪漫的爱情故事出现。

　　因此，清明节成了特殊的节日。一方面，扫墓上坟，充满了悲伤和泪水；另一方面，踏青春游，又充满了欢笑和喜悦。

扩展阅读

　　压岁钱，也叫压祟钱。长辈给小辈压岁钱，寓意平安度岁。压岁钱起源很早，却流行于明清。此前，年夜多与信仰祭祀有关；明清后，演变为经济赠与。这是民俗的新变化。

◎月与潮的缠绵

中秋节之夜，乘扁舟，泛湖上，赏明月，观海潮，是唐宋人最向往的事儿。

在钱塘江看潮，一度引起轰动。

钱塘江的江口，呈喇叭状，从外到内，渐渐变狭变窄。涨潮时，潮水一路奔袭，潜流涌动，掀起惊天巨浪，惊心动魄。最高的浪潮，能达到3.5米，浪潮之间的落差，能达8.9米。每逢中秋之际，古人便蜂拥而来，人潮堪比浪潮。

但见海潮翻涌，急遽推进，向空中喷薄；月亮皓白，又大又圆，向水面洒落光辉。潮与月，水与光，缠绵缱绻，醉了自己，也醉了观者。

白居易亲眼目睹了这壮观的自然现象，久久不能平静。他写下了《咏潮》一诗：早潮才落晚潮来，一月周流六十回；不独光阴朝复暮，杭州老去被潮催。

中秋观潮，久而久之，便成了一种风俗。

"中秋"二字，早在《周礼》中，就出现了。

▲《观潮图》，潮水汹涌，船只摇摇欲坠

古人记载，一年分四季，一季有3个月，分别是孟月、仲月、季月。秋天的次月，又称仲秋，而阴历的八月十五，就在八月的中旬，所以，这天就被称为"中秋"。

帝王们都愿意在八月十五举行祭月典礼，因为这一天正好是整个秋季的一半。于是，中秋节就诞生了。

唐朝中秋节，除了观潮、观月外，还要折桂。灵隐寺内种有许多桂花树，白居易在观潮后，还跑到桂花树下，折桂吟诗，清香飘逸。

在四川，还有一个湖，湖边都是桂树，大小200多株，绵延几里地。中秋时，细碎的桂花散发出清甜的香气，在几里外都能闻到，引得人们踏香而行。

中秋吃月饼，是唐朝末年的人发明的。

有御厨给唐僖宗做了月饼。他在吃月饼时，听到一个消息：新科进士正在曲江设宴庆祝。他很高兴，就传令御膳房，端一些月饼去，赐给状元们品尝。

这是史书对月饼的最早记录。平民还不晓得月饼是个什么东西呢。

大约100年后，到了宋朝，月饼才成为大众食品。

元末，有一个中秋节，抗元领袖张士诚给众人分月饼，月饼里有字条，上写：中秋夜，杀。

意思是，约定众人在中秋夜一齐偷袭元军。

结果，在此后的很长时间内，月饼上都贴着一张纸条！

当时，还有一股反元势力，是由朱元璋领导的。朱元璋命令大将徐达攻占北京，扫清元朝残留势力。徐达不辱使命，很快完成任务。徐达把喜报传给朱元璋。朱元璋正在与人对弈，他很开心，神情大悦，规定中秋节这天，要举国欢庆，并发放月饼给百姓。

从此，中秋吃月饼，成为固定的习俗。

近年来，月饼的包装豪华精致，但蕴含的文化底蕴却反而消失了。

▲风雅无边的《赏月图》

扩展阅读

古人把"盒"又当做"合"，是指有盖子的盛物用具。汉朝马王堆大墓出土了"右方食盛十四合"，是盛食物的；盒中有藕片汤，暴露在空气中后，眨眼便化掉了。

◎守岁的豪华与凄凉

除夕夜，是全家团圆的日子，围炉夜话，其乐融融，通常一夜不睡。

帝王贵族的守岁仪式，隆重而奢侈，大酒大肉，火光冲天，檀香袅袅，隆重恢弘。

隋炀帝在守岁时，点燃沉香和檀木，形成篝火。沉香是一种名贵的木料，而他一个晚上就要烧掉大概200多车沉香，浪费到了可怕的地步；沉香燃烧时，火焰高达10多丈，火光在几十里以外都能看到，香味在几十里以外也浓郁扑面。

唐朝皇帝的守岁，也非同寻常。

宫殿布置豪华，极为暖和。外面天寒地冻，宫里却丝毫感觉不到冬天的气息。宫殿的阶下，梅树上，梅花开得茂盛，冷香袭人。

唐朝人懂得冬季种花的技术，还能使春夏的花朵，在风雪的天气里神奇地开放。这种花被称为"唐花"或"堂花"。

守岁时，有人欢快，有人凄凉。

诗人贾岛的除夕夜，就过得很悲凉。

贾岛为典型的苦吟诗人。他出家为僧时，踏着月色，去拜访朋友时，朋友不在。他便写了一首诗："鸟宿池边树，僧敲月下门。"第二天，他骑着毛驴回家，还想着那句诗，琢磨着是用"敲"字好还是

▲骑驴索句的贾岛

用"推"字好。他想得入迷，撞入了韩愈的仪仗队。韩愈问贾岛为何如此鲁莽。贾岛便把困惑告诉给韩愈。韩愈乃诗迷，便说，"敲"字好，"推"字显得无礼。贾岛一听，正合心意，遂用"敲"字。贾岛也因此和韩愈成了好朋友。可是，尽管韩愈赏识贾岛，贾岛也的确才华横溢，可是，却总是时运不佳。贾岛还俗后，屡次赶考，屡次不中。

贾岛很气愤，写了一首诗，抨击腐败的制度。他被诬以诽谤罪，遭到贬斥。

贾岛抑郁不得志，穷困一生。每到除夕守岁的时候，他都把一年之中所写的诗句都拿出来，放到案上，用少得可怜的酒肉，来祭诗句。他烧香祭拜，嘴里喃喃地说："这是我一年来的苦心所得了。"

他又凄然道："几年来才写这几首诗，都是自己的苦难写照，一读就泪流满面了。"

贾岛祭完诗句，便把盏而饮，高声歌唱，凄怆地度过除夕。

更多的人，在除夕夜，愁思万种，都是缘于光阴如流，生命苦短。

唐宪宗时，裴度任丞相。裴度为唐朝的稳定付出了一生。他兢兢业业，用尽心力，做出了卓越贡献。年终守岁时，他总是感慨万端，难以入睡，整夜都坐在炉旁，把柴火添了又添。他不惧鞠躬尽瘁，不怕受尽委屈，他只是遗憾时光易逝催人老，所以，他惆怅地望着夜空星辰，想着生命短暂，唏嘘不已。

韦庄在守岁时，也跟裴度一样，总是感叹人生易老，活一年少一年。

司空图是著名的诗歌理论家。除夕夜，他看着自己的满头白发，想起年轻时的轻狂不羁，犹似昨天；而现在，却垂垂老矣。他愁闷无着，便猛灌自己酒，让自己一醉方休了。

最凄楚的，却是那些不能回家团圆的人。比如，边关的将士；被发配到荒凉边地的人；穷困潦倒暂住驿馆的游子。他们身在异乡，孤苦伶仃，其凄凉与哀愁，无以形容。

李德裕就是一个贬官。他为人耿直，被奸臣排挤，贬谪到了荒芜的岭南。除夕夜，他不能回长安，蜷居在僻远的荒山野岭，倍感心酸。

▶《醉愁图》中，人物借酒浇愁，眉头紧锁

白居易也曾在除夕独自在外漂泊。他思念亲人，想要喝酒，但穷得没有酒喝，想醉都不行，便只好吟词，用词句"麻醉"自己。

除夕，除了守岁活动外，还有另一种民俗——乞如愿。

乞如愿，源于一种传说。

江西卢陵有个商人，叫欧明，他经常路过彭泽湖，每次都要共祭此湖。湖神被感动了，问他有什么愿望。欧明说，乞求如意。湖神有个丫鬟就叫如意，湖神以为欧明喜欢如意，便把如意送给了欧明。如意便帮欧明打理家里琐事。有一年元旦，如意起来晚了，欧明生气，打了如意。如意伤了心，离开了。欧明心急火燎地到处去找，始终没有找到。

这个传说，寄托了古人希望顺心如意的愿望。所以，古人便把"乞如愿"加入了除夕夜的活动中。

除夕夜，热闹非凡，锣鼓声，鞭炮声，声声入耳。古人认为，鞭炮声大，可吓跑鬼怪，驱邪避凶，所以，要多多燃放鞭炮。这叫"惊鬼"。

除夕还有讨债的习俗。

▲抓周是古风俗，图为昂贵的红木抓周盒

明清时，古人认为，端午、中秋、除夕是一年中最重要的3个节日。他们要在这3个节日里，把账目都清算一遍。

除夕是一年中最后一个节日，最为重要，所以，在这一天讨债的人特别多。

催债如索命，欠债的人会想方设法地躲债。他们四处藏身，实在无处可藏时，就想尽各种借口拖延。由此，还衍生出一套俗语："年廿七，勿着急；年廿八，我想法；年廿九，有有有；三十不见面，元旦碰面拱拱手。"

元旦为什么拱拱手就行了呢？因为按照古俗，过了除夕夜，就是正月，是喜日，不能讨债。

扩展阅读

魏晋后，出现了抓周的习俗。婴儿周岁时，父母给他沐浴，摆满书笔、铜钱、算盘、尺、剪刀等，让婴儿自由抓取。若抓书笔，预示将来有才；若抓算盘，预示有经商头脑。

◎处处皆避讳

民俗中，有一个避讳现象。就是在交谈中，禁止涉及某些词汇。

之所以产生避讳，原因很多，如敬畏先祖、敬畏自然、崇信宗教等。

避讳，最初出现在商朝。到了春秋战国，竟成一种潮流。各诸侯国的人交流时，要事先了解彼此的禁忌，避免说不该说的话，避免做不合适的事，入乡随俗。于是，避讳被上升到"礼"的高度。

家有家讳，国有国讳。秦汉时，有关避讳的条文已十分规范。秦始皇是正月降生的，为避其讳，朝廷将"正"的读音改为"征"，正月就变成了"征月"，也称"端月"。

西汉的淮南王刘安，父亲名刘长。因为父亲的名字里有一个"长"字，刘安在命人编撰《淮南子》一书时，不准书中出现一个"长"字，均用"倩"字代替，以示对父亲的尊重。

《史记》是鸿篇巨制，但书中竟然没有一个"谈"字。这是因为司马迁的父亲叫司马谈，司马迁不能直呼父亲的名讳。

东汉的开国皇帝，叫刘秀。为了避"秀"字的讳，"秀才"竟变成了"茂才"。

汉明帝刘庄更是离谱，为了他的"庄"字，他竟然把《庄子》一书，改名为《严子》。

魏晋南北朝时，有一个地名被折腾得稀里哗啦。

这个地方，在汉武帝时，叫弘农县；在汉灵帝时，汉灵帝叫刘宏，为避"宏"字，便把弘农县改成了恒农县。到了晋朝，又改回弘农县。不料，北魏的孝文帝叫拓拔弘，为避"弘"字，又把弘农县改成了恒农县；北周后，又改回弘农县。此后，又因为皇帝们的名讳，这个县名还在来来回回地改。

唐宋时，避讳有增无减，还被写进了律令，规定：凡是触犯避讳的人，都要判3年刑；7代以内的皇帝的名字，都不准臣民称呼。

唐朝皇帝打着尊重先祖的名号，其实是为巩固政权。

颜师古是训诂学专家，他在为《汉书》做注时，千方百计地避免使用"虎"字，累得够呛。为什么呢？原因就是，唐高祖的爷爷，名字中有"虎"字。

唐太宗的名字，叫李世民。为了避"民"字之讳，民部被改成"户部"；为了避"世"字之讳，观世音被改为"观音"——不仅在民间闹腾，连佛界也不得安生了。

刘知几，是武则天时期的学者，著有《史通》。到了唐玄宗时，刘知几早就化为青烟一缕，但因为唐玄宗叫李隆基，"基"字与"几"字同音，为了避这个音讳，死去多年的刘知几，还是被改名为刘子玄。这还不算完，过了几百年后，到了清朝，康熙皇帝叫玄烨，刘子玄的"玄"字，又与玄烨的"玄"发生冲突，于是，他又改回了刘知几。当不得不用"刘子玄"这3个字的时候，就干脆用"刘子元"来代替。

中原有避讳之俗，少数民族也有。在西藏，吐蕃就避讳"狗"字。

宋朝的禁忌之字，越发多了。单单是为了避开宗庙之号，就有50多个字不准用。

宋太祖叫赵匡胤，为了避"匡"字，但凡姓匡的人，都得改姓王。

宋仁宗叫赵祯，"祯"与"蒸"是同音字，"蒸馒头"便只好变成了"炊馒头"，令人忍俊不禁。

辽朝时，辽兴宗叫耶律宗真，"真"便不能挂在嘴上了，女真族便变成了"女直族"。

明朝有着很多忌俗。驾船远行时，不能说"翻"、"住"；也不能说"幡布"，只能说"抹布"。

清朝人更邪乎，竟然不能说"蛋"字，如"混蛋"、"滚蛋"等；就连酒家的菜单上，都不能出现"蛋"字，要用别的字代替，如，鸡蛋叫"鸡子儿"，皮蛋叫"松花"，炒蛋叫"摊黄菜"等。蛋糕还被称为"槽糕"。

还有一些身体忌讳。一旦有谁不经意地眼皮乱跳、打喷嚏等，就会觉得是被人背后说坏话了。这时候，为预防伤害，此人会说一些对应的话来襀灾，如好人说我会安乐，恶人说我牙齿落。

一些名讳、字讳，至今还存在着。

扩展阅读

麻将的前身，是马吊牌；马吊的转音，是麻雀，因此，又叫麻雀牌。慈禧太后与福晋、格格们打的麻雀牌，为上等象牙制成，上有雕镂，细致奢华，鬼斧神工。

▼清朝人制作的象牙麻将牌

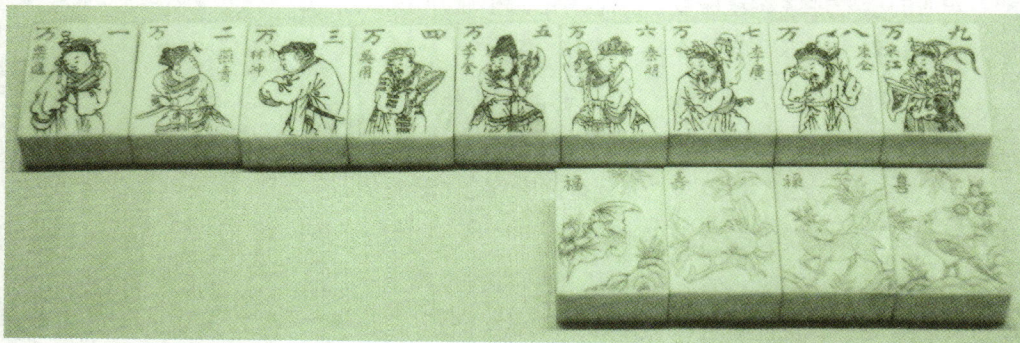

第五章

宋辽金元民俗的民族化

宋辽金元，朝代更迭频繁，民俗颇富民族风情，类型不一，花样繁多。来自北方的契丹民族，开创了辽朝，其民俗充满了游牧特色，豪迈气质。来自东北的女真族，开创了金朝，其民俗沾染着清香的草芥味与旷野的气息。各民族的民俗相互交织，成为历史文化中一个重要分支。

◎ 盐是怎样从海里出来的

南京的太监覃力朋，带领贡船来北京，贡品装满了船。覃力朋逼迫掳掠了20人，为他划船。船工们吃得差，还不能好好睡觉，遇到大风浪时，也没有任何防护，一路上，死了好多人。船队抵达北京后，死亡人数统计出来了，竟有12人，只有8个人侥幸活命，躲过一劫。

覃力朋上交了贡品，返归南京。但他没有空船而返，而是劫掠了很多渔船，在船上装满食盐，总共装了100多艘船，沿途贩卖食盐。而且是高额出卖，当地人若不买就要倒霉。

船行到武城县的时候出了状况。当地的官吏拦住了船队，要按例检查。覃力朋猖狂谩骂，粗野地不让检查；又指使人使用暴力，把官吏们打得头破血流；他还亲自射箭，将一个小兵残忍地射杀了。

覃力朋的所作所为，被西厂的人注意到了，汇报给了西厂的厂督汪直。

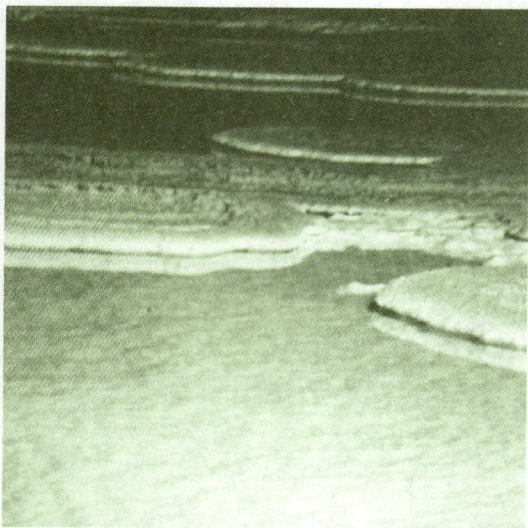
▼浮在水面的盐层

西厂属于特务机构，刚刚成立，还未办案。汪直得到密报后，想要"开张"，便派人缉拿覃力朋。

由于此次任务备受重视，所选的特务都能文能武。他们疾速上船，从水上追赶覃力朋。

覃力朋毫不知情。有一天，他正在船上饮宴，突然看到远处有一艘船飞驰而来，转眼就到了跟前，是官船。船上飞出一伙人，跳到他的船上，不容他说话，就抓捕了他。

覃力朋被捆绑着送回了北京。汪直

毫不留情，立刻判他极刑。

覃力朋是皇帝的宠臣，汪直并不是不知道。他之所以要处死覃力朋，一是为西厂树立一个口碑，二是他嫉恨覃力朋贩盐，盐在古代是奢侈品，利润极高，他心有觊觎，不料被覃力朋抢了先，所以，他要弄死覃力朋。

在历代律法中，偷运盐、私运盐，都是违法的，都要受到严惩。

盐的重要性在于，人可以几年不吃酸、不吃辣，但却不能几天不吃盐。否则，生理就会变化，人就会倦怠、消沉。古人因此觉得，盐可助元气。

盐必不可少，盐税也成为国家的主要收入来源。早在春秋时，1升粗盐的价钱，在扣除本钱后，可赚0.5钱，100升粗盐，就赚50钱；单靠卖盐，一天就可赚200万钱，一个月就可赚6000万钱。朝廷因此规定，山海之物都是国家的。此后，各朝各代都霸占了盐。

这种行为，其实是国家在和百姓抢利益。

汉魏时，难民很多，多是中原人，有的是因土地被夺而沦落，有的是因犯了法而逃跑。由于开凿山海需要很多人，所以，他们都被雇去了。有的采矿石，有的制盐。

他们携家带口，又拉拢了其他难民，组成了一支衣衫褴褛、破破烂烂的队伍。

宋朝时，手工业发达，制盐、制糖、制药等，比比皆是。

宋朝的盐，有4类：第一类是海盐，海水蒸干后所得；第二类是池盐，陆上盐池蒸干后所得；第三类是井盐，盐井蒸干后所得；第四类是岩盐，海崖上采集所得。

海边有许多亭户，是制造粗盐的人。他们制海盐的手法，光怪陆离，非常奇特。

一种方法是：选择一片高地，不被海水席卷；在天气晴朗时，铺好稻秆和芦苇的灰烬，大概要一寸厚的样子；

等候上一天，地下湿气与露气都很重了，灰下结满了盐卤；待正午雾散，就可以将灰和盐卤一起扫起来，拿去熬煮。

另一种方法是：呆在潮水浅的地方，等潮水过后，半天就能得到盐霜；赶快扫起来，就能熬煮了。

再一种方法是：在能被海潮淹没的地方，先挖一个坑，上架竹根或木根，将苇席铺于上，苇席上薄薄地盖一层沙；当海潮淹过坑时，盐卤就通过沙子，渗入坑内；当海潮退后，就可以熬煮了。

还有人单纯依靠日光把海水晒干，得到自然凝结的盐霜，就跟马牙似的，模样怪异。

宋朝人还捞海水里漂来的海草，加以熬煮，也能得盐。这叫"蓬盐"。

雨天是不能制盐的，雨水会把盐稀释了。

▲结晶盐形成树林一样的景观

宋朝人有了先进的物理知识。他们为测定盐的浓度，发明了一个绝招。

他们依靠莲子，来测定水中的含盐量。多数时候，他们都拿10颗莲子，投入水中；倘若10颗莲子都浮在水面上，说明盐卤浓度很高；倘若只有5颗或不到5颗莲子浮在水面上，说明盐卤浓度很低。

有时候，他们也用核桃、鸡蛋等来代替莲子。倘若含盐量不足，核桃、鸡蛋都不会浮起。

经过莲子的测定后，浓度高的卤水，被倒进卤槽里，流入大锅。等到水分蒸发得差不多了，就把盐块从锅内拿出来。

完美的天气不是日日都有，所以，盐户们都手脚利落，谁若磨蹭，就会被耻笑和看不起。

海盐不娇贵，随便搭个草棚都能储藏。在地上铺3寸来厚的稻草秆，周围再用砖砌上，缝隙用泥封堵，盖上一尺多厚的茅草，盐在里面，静置100年，也不会变质。

池盐也得到发展。池水深的地方，水为深绿色。春天一到，就要制盐，时间太晚了，水就会变成红色，非常奇异。

明朝时，盐有海盐、池盐、土盐、井盐、沙石盐、崖盐。海盐依旧风头最盛，占盐类的80%。

朝廷看到盐带来财富，舍不得给百姓，禁止百姓私自制盐，只准给国家制盐，还要向朝廷缴纳盐税。

朝廷如此硬夺，让百姓悲愤，冲突频生，死伤无数。有一位官员实在看不下去了，说了一点儿真心话：盐来自海，海是自然界的一部分，每个人都有权利享用自然带来的好处，在自然面前，人是平等的。

不过，无人理睬，皇帝更不搭理他。

就这样，盐利仍为朝廷所掌握。制盐的风俗，在民愤中延续。

扩展阅读

宋朝人用面捏成蛇，再炒黑豆、煮鸡蛋，让3个不同姓的人在凌晨四更用钉子各钉它们3下，念："蛇形则病行，黑豆生则病行，鸡子生则病行"，然后掩埋，以消除病患。

◎ "嫁树"、"嫁茄子"

江淮的一所住宅前，种着一棵杏树，枝繁叶茂。怪异的是，它开的花粉粉白白，非常茂盛，但却不结果。

杏树的主人李冠卿，是朝议大夫。他百思不得其解。有一天，一个媒婆经过，看到这棵树，笑着对李冠卿说："等春天来了，我就把这棵树嫁出去。"

李冠卿半信半疑。

冬天快要过尽时，春天将临，媒婆带着一壶酒来了。

她说，这酒不是一般的酒，它是来自亲家的"撞门酒"。然后，她又给杏树系上了一条"处子裙"，举杯敬酒，嘴里还不停地说着祝词。

旁人都笑话她，李冠卿也忍俊不禁。

然而，让人大为吃惊的是，春天，杏树竟然真的结了好多果子。

这是发生在宋朝的一件事儿。宋朝颇多类似的离奇事件。

处士李退夫居住在北京北郊，家门口围了一块地做菜园子。有一天，他在菜园子里栽胡荽。当时有个风俗，栽种胡荽时，嘴里要叨咕一些荤话，胡荽才能长得茂盛。于是，他在栽种时，也唠叨着"男女之事"，以便引起胡荽的重视，从而影响胡荽苗壮地生长发育。

▲雨在降落，人在耕种，显示了古人的辛苦与质朴

就在这个时候，突然有客人造访，李退夫便将做了一半的事儿交给儿子。他儿子接过剩下的胡荽苗，一边栽种，一边念叨，说："我和我父亲说的话是一样的。"

此话被邻居听到了，传扬开来，人人笑得前仰后合。

这两起事件说明，宋朝人对自然的认识还不够，他们盲目地崇拜自然，相信人说的话会对植物的成长有用；他们的初衷，都是把植物"嫁"出去，借此达到旺盛繁衍的目的。

这是最早的"嫁树"、"嫁胡荽"。到了唐朝，还出现了"嫁茄子"。

元旦"嫁树"的习俗，在宋朝流行甚广。

在这种习俗中，树木植物与已婚妇女一样，要生养，要怀果。在元旦这天，天还没亮，百姓就要拿着刀具、板斧，敲击树干，敲敲打打下的树更坚实，意思是把树隆重地嫁出去了。

习俗流传到清朝。清朝人也有相似的措施，只不过细节有所不同。

有一户人家，院中的橘子树常年无果。除夕夜，妻子便拿着油灯，丈夫手拿板斧，假装要去砍橘子树。妻子煞有介事地在旁边为橘子树求情，说再观察一年，倘若下一年还不结果，再把它砍掉。演习了一番之后，丈夫象征性地砍了一斧，然后，转身径直回屋，再不回顾。

据说，等到下一年，橘子树上便会挂满了橘子。

敲木的做法，现今依然存在。在僻远的村落，击木之人敲一下后，会问一句："明年结果吗？"另一个人就会回答："肯定结！"

在除夕夜，还有人把妇女穿过的长裙，挂于树上，以便让树怀果。

嫁不同的果树，有不同的举措。树枝中间置石子，代表"李子出嫁"；树根上置石子，代表"石榴出嫁"；树梢上垂竹竿，代表其他果树"出嫁"。

扩展阅读

"吃会"，是清朝一种很正规的互助组织。每个吃会，大约有10多个会员，会员把余钱交给会长储蓄，等到某位会员发生急事，如婚丧等，急用钱时，用来资助。

◎崇拜柳，崇拜水，崇拜风

射柳，是契丹人和女真人的一种风俗。

柳树依水而生。在冬天酷寒的北方，在干燥的大草原上，水意味着生存的可能，而只要寻找到柳树，就代表着水源就在附近，代表着部落能够持续下去并发展壮大。

因而，在游牧民族的文化中，就隐含着对柳、对水的高度崇敬。

柳树的叶子，外形又好像母体的生殖器；而母亲承担着繁衍后代的重大责任。所以，射柳不仅仅表现了水神崇拜，最要紧的——它还诉说着生命的源起与演化。

辽朝建立后，总会举行射柳仪式。

有一年，天气大旱，辽朝皇帝未免心焦。他选了一个良辰吉日，举行了"瑟瑟仪"。

▼石刻中的雷神形象
▼石刻中的风神形象

瑟瑟仪，就是乞雨的仪式。他一共祈求了3天。

他按照旧例，先向先帝遗像致奠，然后就是射柳。他射两次，群臣各射一次；之后，契丹贵族再射一次。

射柳之后，他带领群臣，赶去风师坛，举行二次礼拜。

契丹人崇拜雨、风。早期的契丹首领经常对其祭祀，辽朝的皇帝沿用了这种传统。

至于契丹人为何会崇拜风神，还有一个典故。

辽圣宗在位时，发生了一宗很奇特的事件，地点在鼻洒河。

夏天，5月刚过，一天，人们先是感觉有微风吹拂。忽然之间，天空变得昏暗混沌，然后，狂风大作。飓风突起，将行走在街上的人，忽地卷到了空中，又在空中盘旋了很久之后，落到了几公里外的地方。

在这场百年一遇的大风中，民众死伤无数。但奇怪的是，在风暴中心，却有人安然无恙，没受一丝惊扰；而且，在街中央的一个小酒壶，任凭大风如何猛烈，它都纹丝不动，不曾移动一点儿。

那是科学知识匮乏的年代，这种现象让时人百思不得其解，只能归咎于鬼神的旨意。于是，他们通过拜神祭祀的法子，向天神祈福。

每当狂风刮起，他们就闭上眼睛，拿起鞭子挥49下，嘴里连喊7声："昆布格。"希望躲开危害，减轻恐惧。

从射柳到祭风，这些风俗，质朴而活色生香。

▲唐朝就有制作面花的风俗，图为面粉捏成的花朵

扩展阅读

唐朝韦巨源升为丞相时，举行"烧尾宴"，席上有58种花色的面花。一种面花中，用面蒸出70个人物，有的弹琵琶，有的鼓琴瑟，有的吹笙，有的穿罗绮起舞。

◎ 坐着进入泥土

在元朝，医生的治病能力有限，遇到大旱、暴风雪时，就会有很多人丧命。医生没有对症的药物而束手无策，只能茫然地看着病人死去。

有一次，一个患者无药可救了，医生便走到房屋外面，支起了一根杆矛，矛上缠绕着一些黑毡。

他之所以这样做，是以此来告诉旁人，屋内有垂危病人，可能会传染，不要随便靠近。

此后，他自己会时不时地进去观察病人，照料一下。至于其他人，再也没有进去的了。

▲掩映在草木间的北方民族毡帐

当病人死后，附近的人更是离得远远的。这不是因为他们冷酷、寡情，而是因为草原上有个规定：但凡和死人接触或接近过的人，在很长时间内，都不再能踏进可汗的大帐；倘若有人在病人去世时，未来得及离开，那么，在接下来的一年内，都不能踏进可汗的大帐；倘若去世的病人，是未成年的孩子，那么，在接下来的一个月内，不能踏进可汗的大帐。

可汗不愿沾染晦气，但也不会漠然地看人死去。当可汗听到哭声，知道有病人去世后，就会通知那个悲痛的家庭，一年内不要缴税了。

死者的家眷们，泪眼中含着感激。然后，他们去准备下葬了。

下葬时，与死者一同埋入地下的，还有他生前使用的

营帐。他们把他移动到营帐的正中间，让他正对一张桌子坐着，桌上摆放着马乳与鲜肉。他们让他坐着进入泥土。

除此之外，还有3匹马，一母一幼，外加一匹马笼头与马鞍都齐全的马。他们把一匹马杀掉了，三下五除二就把马肉吃光了，然后，用稻草将马皮塞满，把马绑在柱子上，将它与死者一块儿埋了。

这样，死者在另一个世界里，既有帐篷住，也有马奶喝，还能生育小马，并有骑乘的马。

这个死者，家境一般，没有金银珠宝随葬。

他在世时的马车，被拆解了；居住的帐篷，被拆除了。此后，他成了一缕灵魂，是受人敬畏的，无人再敢直呼他的名字。

元朝的蒙古人，嗜好土葬。这个死去的病人，不是太重要的人物，因此，家人把他悄悄地葬在了郊外无垠的旷野中。

按照习俗，他们没有把坟墓堆高，而是与地表平齐。

在他们的意识中，坟墓是不能够高出地面的。

在这一点上，元朝皇帝的墓葬，更是毫无痕迹，连坟包的影子都看不到。下葬一年后，杂草丛生，根本分不清哪儿是荒野，哪儿是陵墓。

而且，皇帝的整个丧葬流程，都是保密的。送葬的人，全部都要被秘密杀死，作为随葬。在丧葬队伍行经的路上，若是遇到了行人。不管行人是谁，也都将被杀死陪葬。

之所以如此残忍，就是为了隐藏皇帝的下葬地点，以免被盗掘。

为了防止泄露，汉人被禁止参加皇帝的葬礼。

受到佛教的影响，也有一些人采用火葬。不过，只有官员、喇嘛首领、贵族等，才准许火葬；穷人得不到火葬的待遇，除了患上传染病外，或死于难产，才被火葬。

皇帝和权贵的陵墓，常常有专人守卫。皇族的陵墓区，有一个帐篷，守陵人就居住其中。他的职责是，禁止所有的人进入，私闯者将遭到严厉惩罚，比如，剥光衣服鞭打，甚至还会要了小命。

蒙哥可汗时，有一天，几个外国传教士不经意地走入了禁区。他们没有注意到警戒线。守陵的卫士走过来，团团包围了他们，要射杀他们。

他们极力解释。守灵卫士想到，他们都是可汗的客人，确实是无意而为，不懂得当地民风，所以，便放了他们，让他们快速离开了。

与蒙古人一样，女真人也是少数民族。他们的葬俗有些恐怖。

女真人患了病，从不求医，而是轻信巫师。等到病情拖延，导致离世后，他们还要将家眷的脸面、额头，用刀切割，血流如注，称"送血泪"。

在遥远的广西、海南，那里的少数民族，每当至亲离世，就会改变饮食。鱼类和其他带血的肉类，都不能吃；只能吃螃蟹、鳖等，因为它们不会出血。

在选择墓地时，海南的黎族人会"投鸡蛋"。一个人拿着鸡蛋扔到地上，鸡蛋若碎了，就代表此地凶；鸡蛋若完好，就代表此地吉。

如何让鸡蛋落地不碎？这种想法，这种绝招，看来只有古代的黎族人自己才知道。

扩展阅读

柑橘易受虫害，宋朝人便收集蚂蚁。他们用猪羊脬，盛脂，放在蚁穴旁；等蚂蚁跑进去，就把它拿走；然后，贩卖蚂蚁，消除虫害。这是当时世界最先进的方法之一。

第六章

明清民俗多规矩

明清两朝，新民俗层出不穷，趣味十足，在历代民俗史上占有重要地位。明朝时，商品经济发展慢，人多淳朴踏实，故民俗也大都实在，摒弃华而不实，比如，他们禁止文身，文身男子要被抓走。清朝时，传统与新潮碰撞，中外文化碰撞，故民俗也复杂化、新颖化，多规矩。

◎ 上山采秀木，下海采珍珠

春秋时，越王勾践卧薪尝胆，一心想要灭掉吴国。

他为了获得充裕的时间备战，便麻痹吴王夫差，送给夫差木材与珍品，让夫差放松警惕。

勾践赠送的秀木，都来自越国的深山老林。由于经常砍伐，山林渐渐荒芜了，野生动物都流离失所。有一次，勾践派出了3000个人，去山林里寻找秀木。结果，整个金山都走遍了，他们整整寻找了一年，还是没发现好的树木。

从商朝开始，手工业就发展迅速了。到了春秋战国时，因为各国不停地修造宫殿，采木等行业更加壮大。

采木行业，有自己的特点。它虽然可以一年四季都能进行，但是，若在冬天采木，大雪封山，冰层重重，时常有陷入深雪、滑落悬崖者。而且，由于走到森林腹地才能寻到好木，所以，还要冒着长途跋涉的风险，会迷路，或者冻饿而死。

采木人的生活，既劳累，又凄惨。

汉魏时，行业分支繁多，技艺长足发展，采珠业兴起了。

▼《闸口盘车图卷》中的盘车近景

古代技术落后，下海采珍珠是难度很大的活儿。采珠人称为"蛋户"，蛋户们必须裸身入水，一点点地人工采集。他们在短时间内无法精准地找到蚌壳，所以，要长时间地待在水中。这样一来，就常常发生窒息事件，或者遭到鲨鱼的攻击。

元朝统治者对珍珠有狂

热的喜爱，所以，蛋户越来越多。

蛋户们知道，蚌壳会出现在几十丈深的海中。他们便把船划到海上，在腰上系着长绳，从船上跳入深深的海底。船上要留人，严密看守长绳。水下人感到窒息，或遇到危险时，就在水中猛烈摇绳，船上的人看到绳子晃动，就会马上拉绳，把水下人拽上来。

即使如此，意外也不能避免，经常有溺水死亡者，或被鲨鱼突袭者。

▲《闸口盘车图卷》局部

蛋户在水下采珠时，若突然遭到鲨鱼的攻击。船上的人不能马上知道，直到他们看到海面上泛出了鲜血，才意识到水下人已葬身鱼肚。

这种意外，带给他们的痛苦和悲伤，是难以想象的。他们把泪水洒向了大海，可是，还要继续执行统治者的命令，继续下海采珠。

明朝以前，蛋户都在水下憋气，寻找蚌壳。明朝以后，有人发明了一种换气的器具。

它的材料是锡，呈弯管状。蛋户入水时，将它的一端扣在脸上，另一端露出水面。这样一来，人在水下，也能和外界交换气体，停留在海底的时间相对较久。

有时，蛋户要下潜到400~500尺的海中采珠，水压极大，会把人的耳朵压坏。于是，又有人发明了"耳塞"——用熟皮包住耳朵。

不过，蛋户们没有防护衣，也无法保暖。深海的温度冰凉彻骨，当他们难以忍受时，只好再晃动腰上的绳子，让人把他们拉上去。

另外，虽然解决了在水中呼吸的难题，但对鲨鱼的攻击，他们依旧束手无策。因此，死伤仍多。

他们便尝试利用工具采珠。

有一个人，叫李重海，是个招讨使。他率先提出，可以用兜采珠。这个兜，外形像农具——耩，用铁打造；底部有扳口，用木制成；两边拴着坠石；又以麻绳编制出大兜囊。将它扔入海底，然后，划船而行，若经过有蚌类的海域，它就可以自动地把蚌壳刮入囊中。

不过，这只是李重海的想法。当他把想法付诸实现后，实际收益并不大。所以，它只是蜻蜓点水似的冒了一下头，就消失了。

一些明朝人，又想了一个法子：筐捞法。

他们以黄藤的棕丝与头发，编制缆绳；绳子的一头，系着铁耙与箩筐；箩筐内，放有"珠媒"；箩筐随着铁耙下沉到海里后，他们再牵着绳子的另一头，乘船而行；他们在海里到处行进，等到箩筐变得很重了，就停下船，将箩筐拉上来，取出筐里的珠蚌。

▲《闸口盘车图卷》表现了各行各业的繁荣发展

用箩筐采珠，倒是安全了。不过，由于他们不知道珠蚌在海里如何分布，很难猜测哪里珠蚌多，只能让船在海上乱转。采珠带有极大的不确定性，有时转了很久，依然一无所获。

但无论蛋户们多么艰难，统治者为满足私欲，还是命令他们采珠，还颁布了很多严苛的法令。这样一来，海洋中的珠蚌，一度出现了濒危状态。

郑和在下西洋时，就屡次从海外诸国采购珍珠，可见珠蚌几乎快灭绝了。

在明朝，采珠，是三百六十行中的一行。

明朝的各行各业都很兴盛，还流传一句俗语："三百六十行，行行出状元。"

为什么是三百六十行呢？

这是因为，古人有"三十六行"之说，若每一大类都细分为10种行业，那么，就有360行了。"三百六十行"不是一个确数，而是虚指。自古以来，行业林林总总，花样不断，岂止区区的360种？3600种也是少的！但"三百六十行"被说得顺口了，听得顺耳了，变成了各种行业的代称、统称。

三十六行的说法，最早出现于唐朝。宋朝时，行业更多。宋朝大臣周辉记录了很多民风习俗，包括各种行业，比如说肉铺行、海鲜行、调料行、水果行、衣服行、药材行、棺材行等。

现在的三十六行，包括胭脂行、肉肆行、绸缎行、球宝行、饰品行、麻行、纸行、米酒行、针线行、刺绣行、药材行、汤店行、棺材行、旧货行、网罟行等。

扩展阅读

明朝后期，烟草传入了。由于烟能醉人，有人称它为"乾酒"。起初，本地人不知烟为何物，不敢品尝。有人便把烟叶阴干，细切成丝，贩卖到远地。清初，吸烟流行。

◎怎样把鬼撵走

在深阔的民俗史上，鬼不露声色，却始终活跃着。

古人对鬼有着深刻的恐惧，想出了各种驱鬼的方法。

他们不知怎么琢磨出的，认为鬼最害怕"窑卧、箕坐、连行、奇立"等姿势。也就是说，蜷曲而卧，或像簸箕一样端坐，或连续行走，或倒立，都能让鬼避之唯恐不及。

战国时，发明了桃木剑，用来驱鬼；还发明了驱鬼鞭，用来抽打鬼；还用一些散发着恶臭味的东西，如狗血、狗屎、臭酸水等，熏跑鬼；还用雄黄、白茅草等避邪；还可洒石灰，呛走鬼。

击鼓敲锣，制造噪声，也是把鬼撵走的绝招。

当有人无缘无故地发怒、行为反常时，就意味着有鬼附身了。古人便在戊日的中午，一边走路，一边吃东西，认为这样可以赶走鬼。

如果在路上恍惚，走路不畅，古人便认为，是碰到了拦路鬼。他们的驱鬼招数是，披头散发地径直冲过去，鬼一害怕，就会躲一边去了。

▲《骷髅幻戏图》，大骷髅把小骷髅作为提线木偶，表现古人对鬼魂的猜想

当古人被迷惑住了，也会被认为是鬼在闹腾。这时，古人就用桑木做成的拐杖去打走鬼。

隋唐时，桃木剑依旧流行。但凡有了病人，就在病人房中挥舞桃木剑驱鬼，口中还念念有词。

敦煌的壁画上，还刻着驱鬼词，绘声绘色的："二月病者，鬼从南来；三月病者，鬼从南方来；四月病者，鬼从西北来；五月病者，鬼从北方来；六月病者，鬼从东北来。"

驱鬼时，还有驱鬼符，病人的名字要写在驱鬼符上，贴在门上，或者让病人把驱鬼符吃下去。这就表示，病人有了抗鬼的本领，有了驱鬼符的保护，鬼就近不了身了。

这本是一种胡闹，不过，有些病人还真就好了。这是为什么呢？

因为这里面蕴含着一种心理作用。

还有通过说话，让鬼离开的。

明朝时，御史蒋钦性情耿直，他见太监刘瑾弄权，搅乱朝政，愤懑不已。他多次上疏皇帝，揭露刘瑾的种种罪行。但刘瑾神通广大，不等奏疏到达皇帝那里，就被他的心腹截留下来了。

刘瑾给蒋钦罗织了罪名，把他关进大牢，重打了30廷杖。

蒋钦皮开肉绽，鲜血横流，但毫不屈服。

过了3天，蒋钦又继续上疏，并在奏疏上写道："我与刘瑾不共戴天。"

刘瑾盛怒，继续拷打蒋钦。蒋钦的骨头都露了出来，奄奄一息。

但蒋钦仍旧坚持正义，他继续写奏疏。

时值深夜，油灯昏暗。突然，蒋钦听到细微的鬼声。他侧耳细听，声音越来越响。他便把奏疏的内容念了一遍，然后，艰难地站了起来，费劲儿地整整衣服，说："如果是先人，请厉声以告！"

他刚说完，就听到声音从墙壁间传了出来，更加凄怆。

蒋钦叹道，既然已经把自己献给了江山社稷，不能为自己考虑，如果与刘瑾同流合污，不指出刘瑾的恶行，不仅有负苍天，也愧对先人，是最大的不孝啊。

他这样一想，便视死如归了。他又在奏疏上写了一行字，意思是，死便死，此稿不可改。

他写完这几个字后，墙壁间的声音随之消失了。

当蒋钦的奏疏上呈后，再度被刘瑾截获了。蒋钦又被打了30廷杖，3天后，便死去了。

这个故事，是《明史》中的确凿记载。

鬼神并不存在，蒋钦之所以听到鬼声，大概是因为他伤势过重，出现了幻觉和幻听等症状。

蒋钦与鬼说话，让鬼自动退隐，这也是他在病中的自我感觉，并不真实。因此，古人并不把这算为正式的驱鬼方式。

比较专业的驱鬼方式，多与巫术有关。

▶人赋予鬼多种形象，图中的鬼长相怪异

清朝时，有人会行使巫术，让死人的灵魂附着在自己身上，然后，用死者生前说话的样子，与死者家人说话，以此赶走鬼。

如何让鬼附身呢？

有个办法——"就地滚"。就是先念几句咒语，再在地上打一个滚，这样一来，就把死者的灵魂招附到自己身上了。

在古代，人死后，要埋入泥土，入土为安。如果没有处理妥当，如棺木暴露了，死者就会变成僵尸，在夜晚跑出来害人。

这种鬼，反映了一种社会状态——由于战乱不休，到处都是不被掩埋的尸骨，造成时人心生恐惧，所以，才有了僵尸之说。

人穷也会被看成是鬼附身，为了摆脱穷鬼，古人发明了一个方法。在清晨，往筐里放一些炉灰，再剪出5个纸人，然后，拿到门外，对着纸人放花炮、烧香，这叫"掐死五鬼"。这一天，还要做刀削面，并把面吃了，这叫"切五鬼"。

这个方法，就叫"破五"。迄今，这个民俗仍未消失。

扩展阅读

唐朝时，岭南有食水产之俗。岭南人在烤烧嘉鱼时，会用芭蕉叶隔火，防止鱼脂滴到火上；在烹制鲲鱼（狗瞌睡鱼）时，加姜葱，用粳米煮，鱼骨便会变得柔软。

◎吆喝声里的明朝

　　古代商贩卖货时，常伴随叫卖声、吆喝声。声似唱戏，腔调十足，时而高，时而低，有韵律感。

　　北京的街头小贩，吆喝最奇特。并且，随着四季的变迁，吆喝还跟着变化，叫卖也不同。

　　除夕，吆喝荸荠果子、冰糖葫芦、苦杏仁茶等。

　　元旦，吆喝春牛画、菜包子、新黄历、艾窝窝、糖面人等。

　　2月，吆喝太阳糕、驴打滚儿、豆汁儿等。

　　3月，吆喝杏花、桃花、菠菜干、螺丝、香椿等。

　　4月，吆喝玫瑰花、腌黄花鱼、粉皮等。

　　5月，吆喝红樱桃、桑葚儿、酸梅汤、大蒲扇等。

　　6月，吆喝水蜜桃、榛子、菱角、沙果等。

　　7月，吆喝白薯、落地花生、红果等。

　　8月，吆喝盐栗子、咸核桃、泡菜等。

▶挑着担子、走南闯北的货郎

9月，吆喝菊花、辣白菜、玉米花等。

10月，吆喝红枣干、柿饼子、桂花酥、糖梨膏、鞋垫、耳罩等。

冬月，吆喝热茶汤、刮骨肉、冻豆腐等。

腊月，吆喝年画、门神、红头绳、芝麻秸等。

还有易货的小贩，他们吆喝道——"有乱头发咧换钱！破篦子乱头发换槟榔膏！"

还有换钱的小贩，他们吆喝道——"鸡鸭子换钱！黄酒坛子换钱！煤油桶子换钱！"

明朝初年，南京的秦淮河两岸，盛景一片，街市交错，商铺林立，车辆与人川流不息，各种广告标语挂满路边。茶铺、金银首饰铺、药材铺、澡堂，比比皆是。

《南都繁会图》描绘了这种盛况。图中画了109个商铺与各式各样的招牌标语；有些商铺门前，悬挂着——"东西两洋货物俱全"、"川广杂货"等，是在叫卖国外货，一派繁盛热闹景象。其上人物虽然伫立在画中，却感觉他们的吆喝声破"纸"而出。

▼《南都繁会图》再现了南京商业的繁盛

▲明朝《货郎图》，货郎被小孩簇拥

▲全身挂满鼓和铃铛的货郎

明清两朝，商贸交易，形成了一定的商业法则。在乡村野地中，还常有一类特殊的人群，他们就是货郎。

货郎往往由身强力壮的男子担当，因为他们要挑着担子，两只超大的箩筐中，塞满了各种小玩意儿；扁担的前后两头，也挂满了各式日用品；他们的身上，也拴挂着一堆零碎的物件。有一首货郎诗，写得非常生动："毂声阵阵巷街边，扁担挑来百货全。发夹头绳针线脑，麻糖泥哨镜梳烟。"

货郎们挑着担子，跋山涉水，远道叫卖。一路上，他们的吆喝声，总是能吸引一群群的小孩。在小孩的心中，货郎的吆喝，是最动听的声音；货郎的到来，是最幸福快乐的事。

扩展阅读

多数行业都祭祖师，以获精神庇护。棉纺织业祭黄道婆；理发业祭罗祖；修脚业祭达摩；相声业祭东方朔；杂技祭吕洞宾；娼妓祭管仲；小偷祭时迁；乞丐祭孔子。

◎ 谁在"夺情"

公元1577年，首辅张居正的父亲去世。消息在路上走了12天后，传到京城。

皇帝大都以孝治天下，因此，大臣的至亲去世后，都要辞官，返乡服丧，在27个月之后，才能回京。但张居正不想回去。因为他身为首辅，位高权重，他无法确定等到两年后回来时，还能官复原职。而这个职位，是他付出了31年的辛苦才得来的，他舍不得丢掉。更关键的是，倘若他辞官返乡，他所施行的改革，在政敌的打击下，就难以继续，整个国家的动向都会变化。所以，从哪一个角度来看，他都不能回家奔丧。

张居正便和太监冯保商量。冯保主管内廷，权势极大。他想了个办法——"夺情起复"，最终使皇帝下令，不让张居正回乡。

但是，这违背了祖制，一些大臣无法接受，反对声愈加强烈。

来自翰林院的一行人，包括吴中行、赵用贤、艾穆、沈思孝集体上疏，要求皇帝罢免张居正，让他回家去。

奏疏落到了冯保的手里。冯报通知张居正，好好惩罚一下那不知深浅的4个人，以儆效尤。

在冯保的授意下，锦衣卫前去捉拿4位大臣。

4个大臣没有一个出逃，全都安然在家，毫无惧怕。

就事实而言，他们的反对，是出于守旧心理，违背了历史的发展规律。而张居正留守京城，大力推动改革，却代表着文明的进步。张居正在外廷，冯保在内廷，他们配合良好，极大地推动了社会的进步和繁荣。只是，在整个事件中，他们表现得过于冷酷，让他们饱受诟病。而原本思想落后的4个大臣却因表现得慷慨激昂，光明磊落，而受到了赞誉。

10月24日，4位大臣昂首走向午门。其时，天气突然大变，乌云密布，雷声滚滚。

锦衣卫来势汹汹地上前，把他们的衣服扒光，肩下用大麻布袋套住，双脚捆缚。然后，锦衣卫猛地朝双脚处一踢，他们便不受控制地跌倒在地上，脸部着地。接着，锦衣卫束紧麻布袋，使他们无法动弹，单只露出屁股，等待杖刑。

杖刑场面血腥骇人，血肉翻飞，血水四溅。

杖刑完毕，人被麻布一裹，拖出长安门，扔上门板，抬至大狱中。

▶古代葬礼非常隆重，除了有乐曲，还要举行仪式，图为哭丧

吴中行，被杖60下，五官都在流血。他陷入了昏迷，幸亏一个认识的医生前来救治他，他才慢慢苏醒。但屁股上、大腿上的肉，都坏死了，变成紫黑色。医生将这些烂肉剜掉，剜了几十刀，可以瞧见白森森的骨头。

赵用贤也被杖60下。他长得胖，股上剜除的烂肉，有一块有手掌那么大。他的夫人泪如雨下，将这块肉浸入盐水中，永久铭记。

艾穆和沈思孝，均遭受了80大板。他们在大牢里只待了3天，就被编入军队，发配边地。他们的伤势更加严重。在前往边地的漫漫长路中，屡次陷入昏迷。有人说，喝尿能使昏迷之人清醒，这一路上，他们被灌了很多尿液。

除了这4个人，还有一人遭受了重创。这人叫邹元标。

邹元标隶属刑部，他看不惯张居正的主张。他语言毒辣，观点犀利，远超4名大臣。

在4名大臣遭受杖刑那天，邹元标正欲上朝，正巧目睹了这个血腥的场面。等人潮散去后，他拦住了一太监，想要让太监帮忙向皇帝递奏折，以免被冯保截住。但那太监害怕冯保，迟迟不敢接。

邹元标便撒了个谎，说奏折上写的是请假的事情。他又塞了银子给太监。

那名太监接过了奏折，但依然不敢给皇帝，而是交给了冯保，连受贿的银子也全数交出。冯保拿走了奏折，将银子赏给了他。

冯保怎么可能放过邹元标呢？不多时，邹元标就被抓去杖刑了。

邹元标同样遭受了80大板，但伤势太重，金疮药也无济于事。最后，还是一个江湖郎中想了个法子，抓了只刚出生的小黑羊羔，将羊羔毛皮扯下来，贴在邹元标的屁股上。

多亏了这块羊皮，邹元标才没死。之后，他贴着羊皮，被发配到贵州的大山林里。他虽然活下来了，但落下了终生的毛病，腿部关节长期病痛，腰都不能弯。

就这样，在噼里啪啦地打了一通屁股后，张居正的"夺情起复"，宣告成功了。

夺情起复，简称夺情，它是丁忧制的发展。

丁忧制是指，京官的亲人离世时，他们要辞官、返乡、奔丧，在两年零三个月后，回京复职；夺情起复是指，官员为了国家，抛却尽孝之情，无须离职，只穿着素服处理公事就行了。

夺情，显得不孝。朝廷规定，若逢丁忧，无论大官小官，都不许夺情；谁若隐匿丧事，就要一撸到底，贬为庶民。

张居正地位特殊，得以夺情，是个特例。

无论哪一种形式的夺情，都蕴含着伦理问题。因此，夺情虽为风俗，但很少。

扩展阅读

魏晋时，有一种渴葬，即不按礼制，提前埋葬。之所以出现渴葬，是因为当时社会动荡，战乱不停，百姓生活艰难，希望尽快办理完丧事，以免发生其他的意外。

◎当太阳远离北回归线

冬至——在一年中，这是太阳离北回归线最远的一天，是光照时间最短的一天，是白天最短、黑夜最长的一天。

不过，它不是最冷的一天。冬至以后，才进入真正严寒的气候。

"数九九"，最能体现冬至的气息。有谚语说："算一算，数一数，冬至过后即进九。"这里的"进九"，就表明酷寒即将到来。

数九九是怎么来的呢？

原来，古时，房屋简陋，挡不住风寒，严冬带来极大的灾害困扰，古人日夜祈求冬日早些过去。等待总是难熬的，为减轻思想负担、内心惶恐，有人发明了"数九九"的游戏，让人在苦苦的等待中充满希望。

数九九，以冬至这一天作为起点，把冬至作为冬天的信使。

数九九包括：九九歌诀、九九消寒图。

歌诀可追溯到宋朝，宋朝人陆泳写了一首，内容是："一九二九，相唤弗出手；三九二十七，篱头吹筚篥；八九七十二，猫狗躺淘地；九九八十一，穷汉受罪毕，刚要伸脚眠，蚊虫虼蚤出。"

九九歌，非常可爱，流传了上千年。由于时间与地域的差异，歌词不断变化，但冬春转变的喜悦却没有变。

九九歌帮人记录了冬季的进展，也展现了人的真实生活状态。

明朝时，谢肇淛收录了一首九九歌，是最接近现在的九九歌。

谢肇淛是什么人呢？

他是一个官员。

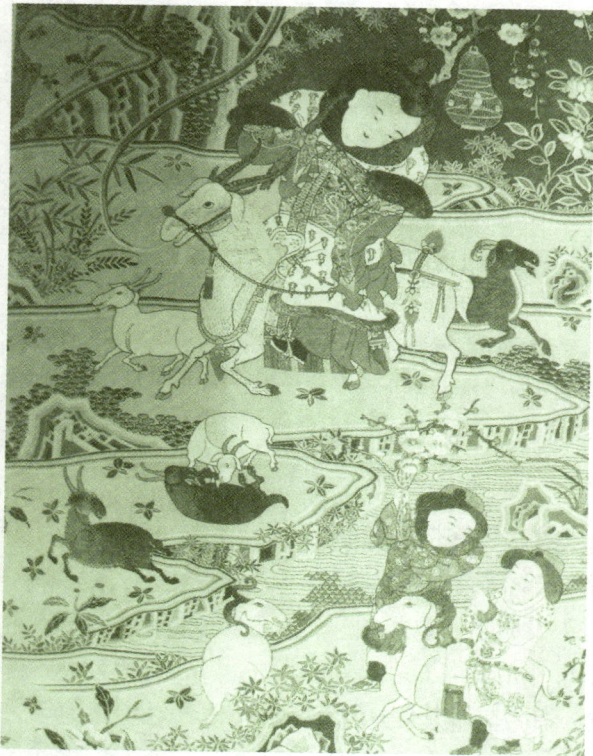

▲ 元朝人所绘《九九消寒图》

谢肇淛性耿直，喜欢用诗抒发胸臆。他在湖州做推官时，知府讨厌穿白衣，一看见谁穿白衣，就会将其捕捉、定罪。谢肇淛很气愤，他看不惯，便作诗表达不满。知府大发雷霆，把他调走了。

谢肇淛后来去管理河道。只用了一年，他就将所有的河道都疏通了。第二年春天，皇帝出行，船只有1200只，谢肇淛乘一艘小船，在前面做引导，浩荡的船队畅通无阻，沿岸居民一点儿也没被惊扰。

谢肇淛头脑清醒，在明朝鼎盛时，他就觉察到了危机，认为女真人是个隐患。但皇帝认为是危言耸听，不听。结果，事实证明，明朝的衰败，就是因为女真人。

谢肇淛非常关注底层民众，后世为此建造了五贤祠，五贤之一，就是谢肇淛。

在留心民众的生存时，谢肇淛意识到，九九歌很重要，它不仅有意趣，还蕴含着农耕的信息。因此，他收录了一首九九歌："一九二九，相逢莫出手；三九四九，围炉饮清酒；五九六九，访亲探旧友；七九八九，沿河看杨柳。"

这首九九歌，简洁，清新。

近年传唱的九九歌是："一九二九莫出手，三九四九冰上走，五九六九沿河观柳，七九河水开，八九雁归来，九九加一九，耕牛随处走。"借鉴了谢肇淛收录的九九歌。

冬至还有一个民俗，那就是描摹消寒图。

消寒图也是为了计时，但不再用嘴，而改用笔，通过

画图呈现冬春的节奏。

消寒图的描画，分为：染梅、填字。

染梅，就是取一朵有81个花瓣的梅花枝，将其一一染红。一日染一片，等到花瓣染尽，数九寒天也就过完了。

女子多爱染梅。冬至这一天，女子折一枝寒梅，插在窗边，每日早起画眉时，顺手用胭脂染红一片花瓣。待所有的花瓣都被染红时，春意便来了；那枝被胭脂染红的梅花，则像极了杏花枝。

墨汁也用来染梅，待81天过后，一枝墨梅便诞生了。

所以，在消寒图上，常有附诗：试看图中梅黑黑，自然门外草青青。

染梅终究琐碎，可用画圈代替。先在纸上画圈，每横每竖各9个，总计81个；自冬至开始，过一天，就将一个圈涂黑；阴天涂黑上半圈，晴天涂黑下半圈；风天涂黑左半圈，雨天涂黑右半圈，雪天涂黑圈心。也就是说：上阴下晴，左风右雨，雪当中。

消寒图，就是统计天气情况的图表。

冬至过后，太阳往北运动，白天延长，俗语说：冬至日头升，一天多一针。

古人通过观察太阳，提出了阴阳学说，以阴阳为基准，去看待世间万物。他们觉得，季节变化，天气变化，都是因为阴阳比例发生了改变；阴与阳，时刻处在此消彼长的改变中，阳盛则阴衰，阴盛则阳衰，阴阳相谐，才能平衡；人也是如此，只有顺从自然规律，才能谋求生存。

这便导致了更多的民俗活动。

每到冬至，古人就会祭天。北京的天坛，就是明清皇帝的祭祀场所。这天也成了"举国庆典"日。

不管穷人或富人，在这一天，都要吃饺子。这个习俗，与医圣张仲景有关。

张仲景曾做长沙太守，但不喜欢从政，便交印辞官，专攻医学，给人看病。他归家时，正值冬天，走到白河，他看到河边的人身体孱弱，耳朵冻得溃烂。他便和弟子就地搭铁锅，煮了一锅"祛寒娇耳汤"。他把御寒的中药，混着羊肉、辣子，都放到锅中；炖一段时间后，把中药和羊肉取出来，剁成馅，裹进面里，做成"耳朵"状；再把一个个"耳朵"放到汤里煮；熟后，分给乡民吃，每人一碗汤、两个"耳朵"。

乡民吃后，全身热腾腾的，耳朵也暖和了。

这种食用的"耳朵"，就这样成为冬至的固定食物。古人叫它"饺子"，也叫"偏食"。

冬至这天，朝廷还要颁发历本，提醒人们注意节气。这种历本，就是现在的日历、挂历的前身。

扩展阅读

汉朝人在腊日正旦有个食俗：吃菟髌。髌是膝盖骨，古有髌刑，即除掉犯人的膝盖骨。古人认为，吃下菟髌，就可避免髌刑，获得吉利；脸也不会像菟髌那么难看。

◎ 水里的"母绳"

有一种网，专捕河豚。网上有许多密密麻麻的钓钩。

河豚爱玩闹，碰到网后，不会马上离去，总会和网纠缠、逗弄，所以，很容易被钓钩钩到。

有人把一条粗绳，作为"母绳"；在母绳的一端，绑着很多"子绳"，是些细绳；在每一条细绳的尾端，都装有一个钩子。若一只河豚上钩了，其余的河豚也都会上钩。

这叫"弟兄钩"，又叫"拖钩"。它还叫"生钓"，因为钩上都没有鱼饵。

此法捕捞上的河豚，大多是雌河豚；对于雄河豚，只能网捞。

河豚口感极鲜，不过，它的血和鱼子都有毒性，一不小心就会中毒。

河豚脂，又叫"西施乳"，味道最优。

河豚有毒，但人爱之不舍。古人先用粗盐腌制河豚子，再拿胭脂浸染其子；红的部分，无毒，可吃；不红的部分，有毒，弃之。

有的人，在烹制河豚时，会把伞撑在锅上，免得尘埃掉入锅内，使菜有毒。

倘若真有人中毒了，古人也有绝招，大喝橄榄汁或甘蔗汁，以解毒。也有勇敢的人，喝粪汁来解毒。

吴地有个人，他的亲戚邀他去吃河豚。他的妻子不让他去，说："若中了毒，怎么办？"他说："人家诚心邀我，岂能推辞？若我当真中了毒，就喝粪汁催吐，没事的！"

此人就去了亲戚家。结果，当日晚上风大，亲戚没捕到河豚。他们便吃些别的菜，对饮到夜深。他喝得酩酊大醉，好不容易晃荡到家，却不认得人，问他话，也呆呆地不答。

▲ 清朝外销瓷上，古人在叉鱼

▲ 奇特的网鱼图

他的妻子以为他毒发了，逼他灌入了粪汁。

过了一会儿，他酒醒了一些，看到家里人都很惊恐，遂问原由，才知道闹了一个误会。

广东番禺盛产河豚。那里的河豚，体形较小，颜色偏黄，味道甘美，毒性很小，价格低廉。当地人吃河豚，就好像吃青菜萝卜，很享受。

等到秋季，还有"河豚盛宴"。古人用火焗掉河豚体表的刺，再用沸水冲洗、去涎；若干遍后，混着猪肉一起煮；待皮肉与骨头拆分后，就可以吃了。

食河豚的风俗，至今未绝。

扩展阅读

巫术在宋朝是一种职业，一人为巫，几乎全家都为巫；上一代为巫，下一代几乎也为巫。巫者的传承，多为家族世袭制，就跟巫术专业户似的。巫术与医术，多有结合。

◎ "精怪"有多怪

臧仲英是山西扶风人，为侍御史，他的家中常发生怪事。

父母妻子在煮饭的时候，常常有不明物品跑到饭里面；有的时候饭都快煮熟了，锅盖却不翼而飞了。

屋里的兵器，能够自己行走；衣箱会突然着火，里面的衣物全都烧毁了，但怪异的是，箱子却一点儿没坏。

有的时候，家里的镜子忽然消失了，三四天后又忽然落在庭院中，空中仿佛隐隐有人说话，大意是："镜子还给你们！"

孙女不到4岁，忽然也消失了，怎么都找不到。正当大家一筹莫展之时，孙女又出现了，时间是两天之后，地点是粪坑。

如此怪异的现象，让人心惊肉跳。臧仲英愁眉紧锁，无所适从。

这时，一个人告诉他，这是他家那条老青狗在作怪，只要把青狗杀了，将血涂在门上就能安定下来。

臧仲英从之，果然，从此相安无事。

这个离奇的故事，被记载在史书里，表现了古人对精怪说的信服。

在古人看来，一些动物会修炼成仙，成为精怪，比如狗、蛇、狐狸等。古人对物怪精灵比较崇拜。为什么呢？

原因是，古人敬畏自然，崇拜自然，会神化与自身行为活动相关的生物；由于古人对自然认识有限，常会发生混乱与恐慌，所以，古人又给物怪精灵蒙上了一层神秘色彩，显得更加诡异，深不可测。

荀子是个清醒的思想家，他在3000多年前就指出，物怪精灵是自然界的一些奇特现象，并不奇怪；人之所以敬

▲《搜山图》局部，左有穿衣服的羊

畏它们，是因为人类本身就害怕很多事情，比如，有人害怕陨落的流星，有人害怕秋风扫过落叶的声音。

一些物怪精灵，其实都是自然界特殊作用的成果。很多现象看起来怪异，实际符合客观规律，是正常的。倘若因此觉得恐怖万分，就不正常了。

明清时，世俗化浓重，物怪精灵变得奇形怪状，五花八门了。

传说中，黄帝之女名旱魃，旱魃协助黄帝击退了蚩尤。不过，旱魃付出了巨大的代价，那就是，她自此要留在人间。在古人心中，旱魃主掌气候，她在哪里，哪里就会大旱。因此，每逢干旱，古人就要举行驱逐旱魃的仪式。

明清时期总共发生过375次旱灾，平均每2年就要爆发一回。这让古人对旱魃的印象越来越糟糕，渐渐地把她塑造成了一个恶魔，只要一遇到旱灾，就会拿着火把，去探照新埋的坟堆；若是看到了萤火，就要挖坟；棺材内的尸体若通体长满白毛，就被认定是旱魃；就要敲打一通，祈望旱魃被打走，老天会降雨。

这个风俗，流传了几百年。

清朝时，有一次，北京的房山发生旱灾，一个江湖术

士路过，告诉当地人，说在西山的坟堆中，有千年僵尸演化成了旱魃。

这时的旱魃，与明朝不同：不是躺在棺材里，而是躺在棺材旁；不是人形，而是很像人的怪物；通体不长白毛，而是长着绿毛。

按照清朝人的描述，旱魃一看到人，就想跳起来逃走，但众人会把它摁住，烧死。不久后，就会降雨了；雨未落之前，天空乌云密布，会有白气从坟堆里冒出来。

有时候，清朝人在挖坟时，会把钻出来的老鼠当做是旱魃，疯狂地追赶它，将它杀死。

更有甚者，有的人在追赶途中，碰到了老人，竟然会把老人当做是旱魃附体，用乱棍打死。

挖坟露尸很不人道，朝廷绝对禁止，但无济于事。

物怪精灵之谈，仍旧流行。南北地域不同的人，对它们的演化也不同：北方多狐魅，南方多山魈。

有句古谚："无狐魅，不成村。"意思是，只要有村落存在，就肯定有狐妖。夜半时分，酣眠之时，便是狐魅潜入时刻。狐魅会跳到人的床上，张开嘴巴，承接人的鼻息，久而久之，就能转化成人。

▼《搜山图》中的精怪，光怪陆离

在京都，狐魅之说最盛，越往南，就越少，过了长江，几乎绝迹，有人说这是因为狐狸不会游泳，不能渡江。

至于京都为何盛行狐魅，有人说，这是因为京都无厕，女性的经血洒于地上，被狐狸吃掉了，狐狸就幻化成精怪了。

山魈，又叫山臊、山鬼、独角鬼。它是普通的山林精怪，原型是猩猩、狒狒等。猩猩和狒狒，乍一看，很像人，所以，被精怪化了。

山魈让人恐惧，因为它神出鬼没，惊扰百姓安居。它还很狡猾，善于盗取人的钱财。不过，它又害怕被人咒骂，听到骂声后，就会快速溜走。

久而久之，这也演化成俗，若有人丢失了钱财，就会习惯性地咒骂两句。

咒骂，能抒发内心的愤懑，能诅咒小偷诸事不顺。古人觉得，咒骂还带有一定的巫蛊性质，所骂之言会成真。

在物怪精灵中，植物是重要的角色。生物都有灵气，明清人确信，槐树灵性很足。"槐"，有"魂归"之义，所以，"槐"字从鬼。槐树便是人与鬼的中介，本生阳，却通

▼《搜山图》中，鱼长着翅膀，可双脚直立行走

阴。槐树的地位，因此很高。清朝人常在槐树下断案，认为能够帮助理清案情。

古藤，也被视为一种精怪。古人认为，生养了千年的藤蔓，每当开花时节，就会清香扑鼻；每当天朗气清的夜里，就会化为人形，见到病人，就赐药花药草。看来，这还是一类有人情味的精怪。

扩展阅读

三国时，蜀国的赵直，善于占梦。大将魏延梦头上生角，问赵直。赵直以话敷衍，等他走后，方叹道："角之为字，刀下用也；头上用刀，凶矣。"后来魏延被斩头。

◎给鬼送寒衣

蔡伦发明了造纸术后，纸卖得红火。蔡伦的哥哥蔡莫，也去制纸。不过，技术不精，纸张销路不好。蔡莫之妻慧娘心生一计。一日夜半，她佯装病亡。蔡莫哭得悲伤，责怪自己，都是自己造纸不精，才使慧娘焦虑而死，干脆把纸都烧了吧。

蔡莫将纸烧完，突然，棺材里有了动静。蔡莫掀开棺材，见慧娘活得好好的。众人惊恐，慧娘便说，她进了冥间后，阎王逼迫她拉磨，幸亏蔡莫烧了纸，冥间以其为钱，便把她放回阳间了。

众人听了，都觉得蔡莫的纸太神奇了，便纷纷购买，想烧掉祭奠祖先。

慧娘起死回生那天，正好是阴历十月的第一天。此后，古人便固定在这天给死者烧纸。

▼《中山出游图》，小鬼抬着大鬼四处游逛

每年的十月初一，也成为祭祖节。

十月是冬季的开端，从这天起，天气一天比一天寒冷，古人穿的衣服也越来越多。他们想着，死去的祖先生活在阴间，大抵也会觉得冷，所以，便在祭祖时，奉以冥衣。

他们用火点燃冥衣，一会儿工夫，冥衣就燃为灰烬。这就是"送寒衣"。

供奉祖先是古人严遵的礼制，不管多么贫穷，都要准备冥衣，并要焚毁。所以，又称"烧衣节"。

明朝，集市上有了出售冥衣的店铺，冥衣艳丽，男女样式不同；冥衣外，还有衣套，衣套上写着亡者的姓名与辈分。有

人将其买下后，还会写上自己的名字，然后烧掉，就像给阴间邮寄东西一样。

到了夜晚，古人去送寒衣，先将一年之事和祖先说一说，再大喊几声祖先，然后，就开始烧冥衣了。

有人在自家门口送衣，有人跑到墓地去送。

对于刚去世不久的人，只能送白色冥衣，因为古人认为，新鬼害怕彩色。在送白衣时，哭声也要有讲究，女人能哭19声，男人只能哭11声。

把物品焚毁，以便阴间的人能收到，这种习俗，最早出现在唐朝。唐朝，佛教文化盛行，唐朝人觉得，焚祭是与神佛沟通的方式。

清朝人对烧冥衣不感兴趣，而是改烧"包袱"。他们做个纸袋，在里面塞入冥币，纸袋外贴上亡者的姓氏与地址，然后烧了。这就是"包袱"。

冥衣之所以变成包袱，是因为人的观念发生了改变。清朝人想着，阴阳两界是一样的，只要有钱，就可成事；烧冥币，可以让阴间的人自己去买更可心的衣服。

但焚毁寒衣并未灭绝，只是，送寒衣的对象，已经不再是祖先，而是乡野孤魂。这是因为，清朝人的宗教信仰，变淡了。

慢慢地，寒衣节就变成了"鬼节"。

鬼节的初衷，是为展现孝敬之心。它承载着血浓于水的情感交流，这让鬼节除了神秘之外，更多了一份人文关怀。

扩展阅读

围绕庙神祭祀形成的商业活动、游艺娱乐活动，就是庙会。庙会上，有各种买卖，因此，又叫"庙市"。它常和佛教寺院的香会、香市联结在一起，仿佛并蒂之花。

◎斗小兽，斗大兽

3000多年前，古人就有斗兽活动了。只不过，古人更愿意欣赏兽与兽斗，而不是人与兽斗。

斗牛、斗马等，都是大兽的搏斗；斗鸡、斗蛐蛐儿，都是小兽的搏斗。除此之外，还有斗鹅、斗鸟、斗鱼等。

无论斗小兽，还是斗大兽，都属于力量的比拼。不过，相对于斗大兽，古人更喜欢斗小兽。越微小的小兽，越有趣，越让人全神贯注，比如，斗蛐蛐儿。

斗蛐蛐儿在唐朝不温不火，到了南宋，丞相贾似道很喜欢斗蛐蛐儿，专门写了一本书，叫《促织经》，促使斗蛐蛐儿火爆起来。

贾似道对斗蛐蛐儿极为迷恋，当城池被攻陷时，他不仅没有如临大敌之感，反而还在和妻妾斗蛐蛐儿。

明朝时，宣德皇帝也爱斗蛐蛐儿。他悄悄地传令给苏州知府，让知府给他抓1000只善斗的蛐蛐儿。宣德年间的瓷器驰名天下，而瓷器里，最珍贵的就数蛐蛐盆。针对宣德皇帝对蛐蛐儿的无比热爱，蒲松龄还专门写了一篇文章《促织》。

蛐蛐儿的个头，都差不多大。蛐蛐儿的主人，往往通过观察对方的蛐蛐儿来判断，如果觉得自家蛐蛐儿能战胜对方，就上台对垒。

斗蛐蛐儿时，会有一大帮人捧场。这些人根据自己的观察，进行押注。

蛐蛐儿的斗场，是蛐蛐儿盆。盆小，台子又搭得高，他们根本无法看到战况，因此，一些人虽然压了很多钱，但还是不能在第一时间得到结果。

▲儿童观看小动物搏斗，神情紧张，全神贯注

▲驯养动物很早就开始了，图中小童在放鹬

苏州人张廷芳酷爱斗蛐蛐儿，不过，他斗一次，输一次，败光了所有财产。这天，他来到玄坛，向神灵祈祷。恰好，坛中跳出了一只蛐蛐儿，他一把抓住了，颠颠地跑去再斗。

▼趴在草地上斗蛐蛐儿的小儿

这只蛐蛐儿作战勇猛，无往不胜。几日之后，张廷芳就将败光的家产加倍赢回来了。

那年冬天，蛐蛐儿突然死了。张廷芳伤心至极，比失去亲人还痛苦。他打造了一副小小的银棺，给蛐蛐儿安葬了。

北京人捕蛐蛐儿时，常去胡家村。胡家村位于永定门之外，原是一片荒野，盛产蛐蛐儿，并且，每一只都善于嘶鸣、争强好斗。

7月，一批又一批的闲人，晃荡到这里，拿着工具。他们悄声地走到坍塌的旧址旁，侧耳倾听蛐蛐儿的声音，然后，循声捕捉。

有些蛐蛐儿躲在洞穴中，不肯出来。他们就捻一个草芯，向洞里捅。若是蛐蛐儿还不出来，他们就往洞中灌水。待到蛐蛐儿忍不住跳出来时，他们先定睛观察蛐蛐儿的跳跃高度、活跃度，如果合适，再用网罩住，如果蔫搭搭的，就不理了。

他们按照体表的色泽，给蛐蛐儿分类。青色的是最好的，黄色稍微差点儿，再次是赤色，接下来是黑色，最差劲的就是白色。

红白麻头、青项金翅、金银丝额是一等；黄麻头是二等；黑色、紫金是三等。

如果蛐蛐儿的头部与颈部粗壮，四肢长，背部宽厚，这也是一等。

养蛐蛐儿是一件细腻事儿。蛐蛐儿的食谱很讲究，不能什么都喂，要喂鳗鱼肉、水蜘蛛、稻撮虫、钩红虫、扁担虫、栗黄、蟹白、白米饭等。

▶元宝形彩绘瓷蛐蛐罐

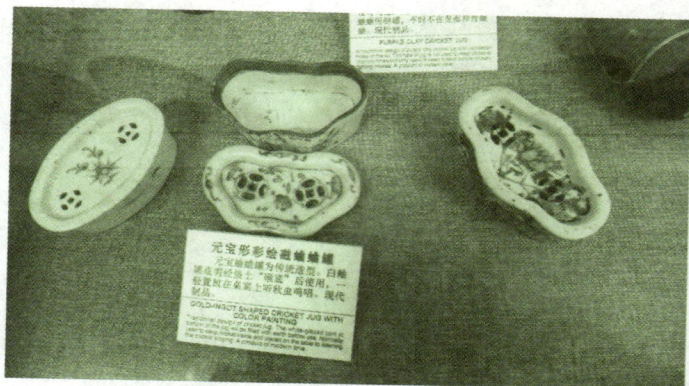

蛐蛐儿还要洗澡，搞卫生。清朝人会将小青虫碾成汁，加糖搅拌，用汁水给蛐蛐儿洗澡；之后，再把它们放到干净的甜水里洗。这是水养。

当蛐蛐儿生病了，还要进行食疗。根据蛐蛐儿的冷热来确定食物。如果主冷，就喂带血的蚊子；如果主热，就喂茅房里的蛆。倘若蛐蛐儿在搏斗中受伤了，还要将浸有铜片的水，涂于伤患处。若是咬伤，还要取蚯蚓屎与小孩粪便，将其调制，然后，敷于患处。这是医养。

斗蛐蛐儿讲求公平，比赛双方都必须大小、色彩差不多。

蛐蛐儿仿佛有灵性，在得胜后，会大声嘶鸣一声，像是在向主人邀功。

扩展阅读

清明节，古人常栽荔枝，让树的叶片都朝东、枝干都稍微倾斜。这是为了让枝叶阻挡阳光暴晒根部。谷雨后，古人将攒了一年的果核，埋进牛粪中，尖部朝上，以便发芽。

◎针一样的"鱼花"

舜在成为帝王前曾经以捕鱼为生。他经常去一个叫雷泽的地方，在那里捕捞野生鱼。

这是最早的渔业，简陋而荒蛮。

商朝时，渔业有了重要地位。甲骨文里，"渔"这个字，是一个人正在抓网、持钩的样子，形象地传达出捕鱼的意思。

清朝时，人工养鱼很发达了。

那时的人工池，6亩大小。这种大小非常科学，若太小，鱼儿在水中摆尾困难，摆尾次数不足，鱼受到束缚，长不大；若太大，鱼儿畅行，速度太快，会碰触了池壁，更加不好。

鱼花，就是鱼种，是古人从河道里捕捞到的。

鱼花喜欢集体待在缓流处。但不能随便捕捞，要给朝廷缴税。

3月到8月，很多人都下河捞鱼花。他们在夕阳西下时，观察闪电出现的位置，位高就表示没雨，水位不会涨；位低就表示有雨，水位会涨高，水涨则鱼花多。

捞鱼花时，先用苎布做一个罾，形似一个倒着的帐篷；两层，外层较薄，大概需4丈布，内层较密，大概需1丈布。罾的底部，是一个露底的木框，悬在水面。鱼花通过罾，进入木框内。古人再用勺子将它们舀到船上。

鱼花要放到白瓷盆内，因为鱼花很细小，像一根根的银针；把它们放入白瓷盆中，再小的鱼花，也能看得一清二楚。

▼清朝外销瓷上的捕鱼场面

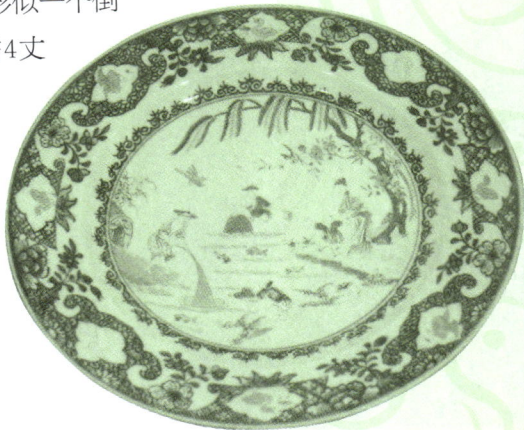

有些人不养鱼花，只贩卖鱼花；在捉到鱼花后，他们有的在陆地上卖，有的摇船沿岸卖。

卖鱼花的船，两旁装着两个小水车。新的水被传接入船，旧的水被甩出船，鱼花活得很好。

他们走得越远，卖出的鱼花就越小。一路上，他们给鱼花喂米汤，喂鸭蛋黄，就像伺候婴儿。

鱼贩子买下鱼花后，为了让鱼花很好地存活，把鱼花养在柳条筐里，筐里衬着一层抹油的厚纸，水漏不出来；每隔一段时间，就要换一次水，增加水中的氧分，不然，鱼儿就会缺氧窒息而死。

一些鱼贩子精于算计，甚至有些邪恶。他们为了垄断鱼花市场，就喂鱼花吃油煎炒糠，让鱼花长不大。

村民买下鱼花后，把鱼花投入鱼池。

鱼池建在猪圈下面。如此一来，猪粪便坠入池中，正好成了鱼花的食物。这种想法十分精妙。

野生鱼的时代，仿佛很遥远了。但捕捞野生鱼的人，依旧存在。

长江三峡一带的古人，春天去捞鱼，叫"起汕"。一年中，只有3天起汕，都在3月份。他们集体出船，一齐用桨击舷，或用石头击水，惊吓鱼群入网。他们从黄昏时开始，至清晨时结束，整整一夜，唱着歌，歌声越嘹亮，收获越大。

浙江的渔汛，一年有三次。每一次渔汛来临，捕鱼者都会把竿子探入水下，耳朵贴在露出水面的那一截上，如果听到水下有轰隆的鱼声，就说明鱼群正在经过，就可以开网了。

渔户关心鱼的死活，舵主关心人的死活。船上，一般有20多个船工。其中，有"长

▼明《鱼篮观音》，篮中装着一条新鲜的鲤鱼

年"，负责一切船务。长年地位高，只有舵主与渔户才可和他一起吃饭，船工们只能眼巴巴看着，听他指挥。所以，长年被称为"草头天子"。

鱼潮来临时，渔船一齐放网。若网内的鱼太多，只能割网放掉一些，以确保不连船带人一块儿翻水里。

若满载而归，回家时就锣鼓齐鸣；若一无所获，就只能在半夜偷偷地回家。

尺，是一只大网，是最庞大的捞鱼工具；第二大的是罾。

尺一般在大海中使用，罾一般在江河中使用。

也有垂钓者。拿一根长竿，缠以蚕丝绳，挂上钩，吊上饵，就可以静静等待鱼儿上钩了。

还有的垂钓者，在一竿上挂着许多个钓钩；头天晚上放入水中，第二天就等着收鱼了。

▲《垂钓图》，表现出古代常见的捕鱼方式

扩展阅读

　　唐朝的岭南人捕捉野象，把象鼻烤成"象鼻炙"，肥脆甘美。他们还把蛇、蚁卵、虾蟆、蝗虫当成珍馐。有一种龙虱，似灶虫；有一种泥笋，似蚯蚓，都被其视为美食。

◎赶集赶到"鬼市"

岭南人叫它"墟"，四川人叫它"阆"，江南人叫它"亥"，北方人叫它"集"，那么，它是什么？

它就是草市。

集市的问世，是为了让人能够购买东西。久之，就分化出了草市、野市等。

唐朝的市，有了约法。每一天的中午，都会有专人敲

▶热闹喧嚷的迎新亲队伍

鼓200下，表示正式营业；到了黄昏，那位专员又会敲钲300下，表示马上闭市。

古人热衷于赶集，以交换农耕工具、牲畜、菜苗、种子等。

盛唐时，第一次出现了"夜市"。

都城长安的人口，达到

◀迎亲的花轿，最早出现在明朝的江南

了百万之多，商铺鳞次栉比，先是早市繁盛，接着便是夜市接壤，热闹的气氛，从白天一直蔓延到黑夜。

明朝时，出现了一个特殊的、神秘的集市——"鬼市"。

学者谢肇湖逛过鬼市。那是在冬天，听得到卖干柴的声音。

清朝人也会在黎明时买卖。在北京城的崇文门、宣武门一带，有旧货市场，有真品，有仿品。最大的特点是，集市不准点灯，大家只能凭着感觉去判断，买主倘若觉得东西好，就可以和店主讨价还价。

在这种人影幢幢的鬼市，小偷们从不缺席。他们从别处盗取来东西，在鬼市里低价卖掉；东西多为真品，会引得很多贪小便宜的人来买。有时，有人只用了几百钱，就购得了一件貂皮大衣；当然，由于黑灯瞎火，也有人用了好多钱，买回了一件破衣服。

鬼市里的假货越来越多，清末时，朝廷把它取缔了。

"穷汉市"，也是一种鬼市，主要卖旧衣、旧帽，颇受穷苦人欢迎。穷汉市五更开市，天亮了就闭市。

在东南沿海地区，也存在着"鬼市"。大多数古人没去过这种鬼市，只是转述道这些鬼市会不定时地出现；在半夜开市，鸡鸣时闭市，市里多奇异之物。

其实，这是一种"黑市"，是沿河船只趁着夜半在做走私贸易，让人误以为是鬼市。

扩展阅读

明朝已有新娘坐花轿的风俗。有个人娶亲，到门口，只见空轿，不见新妇，后在林中找到。原来新妇歇轿时，晕头晕脑走失了。清朝村人娶亲多用驴，后来才有了出租花轿的铺子。

◎走失的绝技

杜牧在湖州担任刺史时，有一个染工家的院池中，竟然开出了青色的莲花。杜牧叫染工采摘了一些莲子，运至京都，献给皇帝。

然而，等到皇宫中的莲子发芽、开花后，花朵却不是青色，而是普通的红色。这让皇帝分外失望。

让杜牧感到不解，遂前去询问那个染工。染工的解释是，他家祖祖辈辈都是给白瓮上青色的匠人，上色时，会把莲子泡在瓮中；整整泡上一年之后，莲子再发芽、开花时，花朵就会变青色；如果直接种上青莲花的莲子，没有经过浸泡，莲花还会变回红色。

杜牧回去一试，果真如此。

到五代十国时，更是奇人辈出，身怀绝技者不在少数。

李煜是南唐国君，世称李后主。他有一幅神奇的画——《牧图》。此画后来落到宋太宗手里。宋太宗白天看它，是一头牛在草棚外吃草，晚上看它，又变成了牛在草棚内休憩。

宋太宗觉得神奇，问大臣怎么回事。

群臣茫然不解。只有赞宁和尚发现了玄机，他说，这是因为颜料特别；用海南的珠脂调和颜料，画出的内容只能在晚上看见；用沃焦山的石磨调和颜料，则画出的内容，只能在白天看到；此画采用了这两种颜料，所以，才有这种神奇的效果。

珠脂很罕见，而沃焦山过高，一般人根本上不去。所以，赞宁的话，也不可靠，是用来搪塞太宗的。

又有人分析，可能是颜料中有"蚌泪"。珠蚌在孕育珍珠前，蚌中液体如泪；取出液体，与墨汁混在一起，用墨汁作画，就有了特殊功效，有的画白天能见，有的画月下能见。

但这些说法都未得到证实，至今仍是不解之谜。

金朝时，"密写"的绝技就已风行了。

金朝大臣完颜承晖，在外驻军时，想递送一份密信给皇帝。他起草了一份奏折，但害怕被截获，泄露机密，便想了一种保密的书写方式。他没有使用普通的墨汁，而是用矾书写。

完颜承晖找出矾、胶，还有铁钉，把它们放在一块熬煮。然后，用熬得的汁水书写。这种书写方式，不用特殊的办法是看不见字的。只有在纸的背面涂满墨汁，正面的字才会显现。

完颜承晖开创了密写术。他在密写书信上，又用毛笔明写了几首诗，以蒙蔽他人。

他的密写书信，传到了清朝。康熙年间，有个人偶然获得一份诗稿，以为是古诗的拓本，但仔细看了看，又觉察到字的晕迹太大，深浅还不一，最后才知道，这就是完颜承晖写的矾书。

如何洗去墨迹，也有窍门。

这个法子很特殊，要买一个大概3斤左右的西瓜，不要太熟；拿刀在瓜蒂附近，割剌一个口子，将事先准备好的粉末倒入口子中；粉末的成分，有三钱一分的官砂，三钱五分的砒，四钱的卤；之后，把西瓜悬于高处7天；等西瓜有白霜出现时，拿一根翎毛将白霜收集起来；每日重复，一共7日。之后，就可以洗墨了。

洗墨时，先用水湿润墨字，再把白霜附上；等干了之后，拿翎毛将白霜扫掉，人们会发现墨字也已经消失了。

仿制画作，自古就有，期间也有绝招。

乾隆年间，苏州有个人，花了400两金子买了幅画，是《春云晓霭图》。

有个裱画人，姓张，在裱画期间，偷偷购得半张侧理

纸，剪成二份；又请翟云屏临摹了两幅《春云晓霭图》；又请郑雪桥仿了画上的印章。

然后，他将画放在净水里，浸染；再拿出来，置于漆几上；干透之后，进行二次浸染与晒干；一天进行2~3次，就这样持续了3个月，再将白芨煎水涂抹上，使光泽墨迹渗入肌理。

此时，画已有了岁月的痕迹。

张姓裱画人便将一幅画裱起来，然后，拿给嗜好书画的毕涧飞，请他鉴赏画的真伪。

毕涧飞生着病，待在家中，他见了画，大悦，认为是真品，便花了800金买了去。而裱画人造假，一共才花了25金。

等到他病好后，仔细一看，才发现是赝品，悔不当初。

这个张姓裱画人，又把另一幅画也裱了起来，带到了江西，给陈中见鉴赏。没承想，陈中见也以为是真品，花了500金将画买下了。

此裱画人，是个不折不扣的骗子。但他仿造真迹的绝招，却很有门道。

明清两朝的民间，史料中记录的绝技非常之多。

有一个人被蛇咬伤了，蛇毒攻心，十分难熬。旁边有个小孩，跟他说，取刀二把，磨于水下，喝了此水，就能痊愈。他痛苦难当，抱着试试看的心情去做了。结果，果真治好了蛇毒。

北方有一种虫子，叫蚰蜒，长得和蜈蚣差不多，细长曲折，喜欢钻人的耳洞里。北方人便想出了一个驱赶蚰蜒的法子。一旦蚰蜒在夜里钻入了耳朵，也不惊慌，而是取少许猫尿，缓缓倒入耳朵，一会儿，蚰蜒就爬出来了。

取猫尿也有专门的招数，要拿生姜慢慢摩擦猫的耳朵，猫很快就想尿尿了。

驱赶蜈蚣，则要喝油。

有个晚上，一人走到灶台旁，打算吹了蜡烛睡觉。不巧，吹筒里正好有一条蜈蚣，它受了惊，猛地一蹿，就蹿入了人的喉咙里，接着，就进入了胃里。

此人紧急自救。他杀了一只鸡，喝下鸡血，然后，又喝菜油。蜈蚣最怕油，一遇油，就想逃离，因此，他的胃中很难受，翻江倒海。

他感到恶心，不住地呕吐，把蜈蚣吐了出来。

之后，他又喝了一些雄黄水，就确保平安了。

还有一个驱逐蜈蚣的法子。即先敲几个鸡蛋，去蛋黄，将蛋白全喝下去。等到肚子不那么痛的时候，再喝几大口油，就把蜈蚣给吐出来了。

书本如果被水渗湿了，也有恢复的绝招。

首先，将书放在锅中蒸；蒸完后，放在太阳下暴晒；等到还有一点点湿的时候，拿秤砣压书；书干后，除颜色稍微黄一点外，其他的和原来无异。

让物体自燃的绝技，也很巧妙。

先取一截木，削圆，举起木头对日；另一只手抓一把干艾草，放在被木头挡住的影子中；很快，艾草就会自燃。

结香的采摘，也有妙招。

高窦的深山之中，生长着香木。古人找到香木后，会用刀乱砍，把枝杆损坏，然后离开。等过了很多年后，香流溢在树枝里，这时候锯下来运回家，削去最外面的白木，就看到一些斑点。这些斑点，就是香结，也叫"鹧鸪斑"。香结取下后，与酒和蜜放在一块儿熬，就成了上好的香料了。

鹤子草看起来不起眼，很平凡。它的花，是绿色的；花瓣上，有紫色的条纹；叶子长得像柳叶，但要短一点；夏季开花。南方古人把它叫"媚草"。

它一直可以生长到下一年春天。不过，叶片上会长虫，虫子专吃草虫。少女经常会去抓这种虫子，然后，养在罐

子里，每日拔鹤子草喂它。

就和蚕茧一样，虫子最后会化成蝶，赤黄色。女子出门带着它们，让它们围绕着自己，美如奇迹，称为"媚蝶"。

这些民间绝技，显示了古人的灵巧心思，是民俗中最活泼的部分。

扩展阅读

竹子也有雌雄。李时珍在《本草纲目》中写道，竹根首枝为双生的，或首节上长笋的，为雌。他读史书时，书上说"芸苔"是药材，经探索，他得知芸苔就是油菜。

◎暗语中的帮会

一盏灯，一对烛，一座香炉，若想加入帮会，没有这套玩意儿，是绝对不行的。

入会仪式开始后，程序更加烦琐，更加庄严，要一请祖，二悬祖，三上烛，四点香，五斟茶。

入会人晕头转向，要对师傅行大礼，即三跪九叩，像个弹簧似的。

然后，还要逐个拜见其他帮会的掌门。那一大堆的掌门，光是作揖，就让人很迷糊了。

此中，若有一个人不同意，那么，就等于入会失败了，算是白忙活了。

若侥幸通过了，师傅会传授帮会的礼仪、规则与章法。然后，还要在大香堂举行仪式。

进入大香堂后，空间更大，操办更庄重，与会人更多。

大堂之上，入会者要朝拜天地君亲师的牌位，还有13个祖师爷、左右护法、当家爷等多个牌位。

案台上，供奉着水果、面食、茶水、3个香囊、3对蜡烛、5个鼎炉、1个接驾炉。旁边摆着《金刚经》、《道德经》、《心经》、《圣谕广训》、《北斗经》，以及帮会的"家谱"、各朝各代的运河地图等。这些都使气氛显得格外郑重，让人不敢马虎大意。

师傅会拿出3分钱粮，点火烧毁，算是贡献给了祖师爷；再调制一锅"义气水"，入会者每见一人，就要与之同饮一小杯。

在清朝众多的帮会中，青帮的帮规最为严苛，共有10条：（1）严禁背叛师门；（2）严禁轻视师祖；（3）严禁恶待父母；（4）严禁拜他人师；（5）严禁扰乱宗室；（6）严禁破坏帮规；（7）严禁扒灰倒笼；（8）严禁记刻人名；

（9）严禁欺压弱者；（10）严禁奸淫狂盗。

在许多"严禁"中，最核心的一点就是：严禁背叛师门。

每个帮会，都有秘密的暗语。可以说，各个帮会都是置身于暗语中。

青帮的暗号不大一样。

一个青帮成员到茶室去，饮着饮着，他站起身，拿着茶杯，左右手分别伸出3个手指头，非常有礼貌地说："让我以茶代酒，敬诸位爷一杯。"

这时，有个人站起来搭话。那个青帮成员便问，此人的姓氏与家乡。

此人回答，姓潘，杭州人，打算前往五台山办事。

那个青帮成员便继续发问，直到确定来人是帮内人后，便会热情款待。

青帮非常庞大，所问的东西很多，既包括帮会来由、帮规条例、帮会变迁等，因此，这个问话过程，又称为"海底"，形容辨别一个帮内成员，极为谨慎、不容易，犹如海底捞针。

天地会的暗语，最有特色。天地会的成员，以一种特殊的方式交流信息。

有两个会员，一日相见，先打暗号，确定对方是敌是友。一人先问，你姓？另一人答，姓洪。先头的那人听了，便说："三八二十一。"

这就是天地会的暗号。于此，算是接上头了。

帮会，是社团组织的统称，是民间的秘密组织，明末清初，是帮会成立的时期。

帮会的创始人，大都是饱受剥削的底层人，也有一些反对腐朽朝廷的人。他们生活艰辛，却得不到帮助，便建立帮会，将孤苦的人都集合起来，共同帮扶，共同谋生。

比如天地会。大多数成员都是处于社会底层的民众。

他们的口号是，以天为父，以地为母，锄强扶弱，替天行道等，展现了渴求民主、平等的心声。

不过，帮会成员庞杂，思想混乱，在发展中，出现了许多黑暗残忍的现象，因此，逐渐消失了。

扩展阅读

"醋芹"是把芹菜发酵，以五味烹制而成，类似现在的酸菜。唐太宗把醋芹赐给大臣魏征，魏征当即眉飞色舞。明清时，腌菜仍受欢迎，可谓"拿家一样过肥冬"。

图书在版编目（CIP）数据

活色生香的民俗 / 陈长春著. --哈尔滨：黑龙江
教育出版社，2014.4
ISBN 978-7-5316-7449-8

I.①活… II.①陈… III.①风俗习惯－中国－青少年读物

IV.①K892-49

中国版本图书馆CIP数据核字（2014）第063143号

活色生香的民俗
HUOSESHENGXIANG DE MINSU

作　　　者	陈长春	
选 题 策 划	彭剑飞	
责 任 编 辑	宋舒白　彭剑飞	
装 帧 设 计	琥珀视觉	
责 任 校 对	周维继	

出 版 发 行	黑龙江教育出版社（哈尔滨市南岗区花园街 158 号）
印　　　刷	北京彩晔彩色印刷有限公司
新 浪 微 博	http://weibo.com/longjiaoshe
公 众 微 信	heilongjiangjiaoyu
E－m a i l	heilongjiangjiaoyu@126.com

开　　　本	700×1000　1/16
印　　　张	15.5
字　　　数	195千字
版　　　次	2014年9月第1版　2014年9月第1次印刷
书　　　号	ISBN 978-7-5316-7449-8
定　　　价	30.00元